www.ingramcontent.com/pod-product-compliance
Lightning Source LLC
La Vergne TN
LVHW050558160826
845677LV00011B/2364

الأمةُ الإسلاميةُ

في مواجهة الفتن وتحديات العصر

للشيخ الدكتور

يوسف عبد الغني كيوان

اسم الكتاب: الأمةُ الإسلاميةُ في مواجهة الفتن وتحديات العصر

تأليف: الشيخ الدكتور/ يوسف عبد الغني كيوان

نوع المصنف: كتاب ديني

التدقيق اللغوي: نورهان إبراهيم

التصميم الداخلي والاخراج الفني: نورا سليمان سيد

تصميم الغلاف: مليكة محمد

رقم الإيداع: 2024/7871

الترقيم الدولي: 978-977-8994-91-9

جمهورية مصر العربية- القاهرة

مدير النشر: أحمد مكي جهاد محمود

01208209008 ــ 01142340175

Ahmedmakay79@gmail.com

﴿بِسْمِ اللَّهِ الرَّحْمَٰنِ الرَّحِيمِ﴾

الأمة الإسلامية

في مُواجهة الفتنُ وتَحديات العَصر

للشيخ الدكتور/ يوسف عبد الغني كيوان

غفرَ اللهُ له ولوالديه والمسلمين أجمعين

قال تعالى ﴿وَمَن يَعْتَصِم بِاللَّهِ فَقَدْ هُدِيَ إِلَىٰ صِرَاطٍ مُّسْتَقِيمٍ﴾ [آل عمران: ١٠١]

قَالَ رَسُولُ اللَّهِ ﷺ: "تكونُ بين يدي السَّاعَةِ فِتَنْ كقطَعِ اللَّيْلِ المظلِمِ يصبحُ الرَّجلُ فيها مؤمِنًا ويمسي كافرًا ويمسي مؤمِنًا ويصبحُ كافِرًا يبيعُ أقوام دينَهُم بِعَرَضٍ مِنَ الدُّنيا" [رواه أنس بن مالك]

إهداء

إلى: الأمة الإسلامية جَمعاء

إلى: كل مسلم غيور على دينه وأمته

إلى: كل من لحقت به الفتن وطلب العون من الله

المقدمة

حمدًا لمن جعلَ قصص الأولين عبرةً للآخرين، والصلاة والسلام على رسول الله محمد بن عبد الله الذي بلغ دين ربه وجاهد وصبر حتى أتاه اليقين.

- وبعد -

فقد أكمل الله الدين وأتم الرسالات- ببعثة المصطفى ﷺ وانتشر الإسلام والنور في الكَونِ بأسره، إلا أن النبي ﷺ حذر أمته من الفتن ومن الوقوع فيها ولاسيما في آخر الزمان، فقد انتشرت الفتن وطلت برأسها من كل مكان على اختلاف أشكالها وألوانها، إذ أن العَبد مفتون في هذه الدنيا بِشهواته، ونفسه الأمارة، وشيطانه المزين، وقرنائه، والعبد مَطالب بأن يكثر من الدعاء بقوله (اللهمَّ يا مقلب القلوب ثبت قلبي على دينك) إذ أن التحذير جَاء من رب العباد بقوله (وَاعْلَمُوا أَنَّ اللَّهَ يَحُولُ بَيْنَ الْمَرْءِ وَقَلْبِهِ وَأَنَّهُ إِلَيْهِ تُحْشَرُونَ) وقد بوبَّ الإمام البخاري في صَحيحه باب من الدين الفرار من الفتن، وقد بوَّب— الإمام مُسلم في صحيحه باب التعوذ من شر الفتن، إذ

أن الفِتن تَظهر المؤمن الصِادق مِن الدعي، وتنبئ عِن سوءِ طوية من لم يستقر الإيمان في قلبه مثلمَا يَحدث عند إدخال الذهب أو الفضة في النار، فيذهبُ الخبيث ويبقى الجَيد نظرًا لتَعدد الفتن، وهناكَ صنف مِن الناس يستقبل الفتن، وهناكَ من يكون سببًا في فتنة غيره، بل إن الإنسان يفتن نفسه بنفسه قال تعالى (وَجَعَلْنَا بَعْضَكُمْ لِبَعْضٍ فِتْنَةً أَتَصْبِرُونَ وَكَانَ رَبُّكَ بَصِيرًا)،[سورة الفرقان (٢٠)] فالفتن فيها التفرق والاختلاف بين البشر كما جاء في الحديث أن النبي ﷺ قال:(افترقت اليهود على إحدى وسبعين فرقةً، وافترقَت النصارى على اثنتين وسبعين فرقةً، وستفترق هذه الأمة على ثلاثِ وسبعين فرقةً كلُّها في النار إلا واحدةً، قيل: من هي يا رسولَ الله؟ فقال ﷺ: من كان على مثل مَا أنا عليه وأصحابي (ومع أخر الزمان تَكثر الفتن والمِحن التي تواجه الأمة الإسلامية ولاسيمَا مع التقدم العلمي والتكنولوجي من هُنا جاءَت هَذه المساهمة بهذه الكلمات تحت عنوان (الأمة الإسلامية في مُواجهة الفتن وتحديات العصر) وكيفَ السبيل والخلاص والنجاة فليس هناكَ أوضحُ وأشملُ وأفضلُ من قوله تعالى ﴿وَمَن يَعْتَصِم بِاللَّهِ فَقَدْ هُدِيَ إِلَى صِرَاطٍ مُّسْتَقِيمٍ﴾.

[آل عمران (١٠١)].

والله أسأل أن يتقبل هذا العمل وغيره وأن يجعله خالصًا لوجهه الكريم ﷺ على معلم الناس الخير وعلى آله وصحبه أجمعين وآخر دَعوانا أن الحمد لله رب العالمين

وكتبه/ أبو محمد

راجي عفو مولاه في علانيته ونجواه

د / يوسف عبد الغني كيوان

شربين – الدقهلية – مصر

م/٠١٠٠٥٨٤٩٢٢٨

تم الفراغ منه يوم الجمعة

٢٢ ديسمبر ٢٠٢٣ م

٩جمادي الثاني١٤٤٥هـ

إطلالة عامة

(هرمون الرغبة والعنف- بحادثة المنصورة) تعددت التفسيرات لهذه الحادثة في قتلِ طالبةٍ في عمر الزهور بأمور شكلية بعيدة عن جوهر القضية (اللبس) وإلا فَقد تكررت أو تتكرر مع (التزام اللبس) الأمر أشبه بقول الخوارج حِينما كفَّروا علي بن أبي طالب بالخروج على التحكيم ولم يتم وضع العامل النفسي للحادثة وربطها بالأمور النفسية- إضافة لأمور الدين والاجتماع وخلافه- أو المخدرات- أو رد الفتاة لحب الشاب ولكن إذا نظرنَا إلى هرمون التيستوسيترون (Testosterone) الميل إلى العنفِ وتنفيذه تَجده مُرتبطًا ارتباطًا وثيقًا بهرمون الذكورة تجاه الأنثى -ولكنه مَسؤول مُباشرة عنِ الرغبةِ فِي السيطرةِ والتَّحدي، والعنف، والإحساس الذُكوري وسطوته- وزيادة هذا الهِرمون على الحد الأعلى له تؤدي إلى حَوادث عنف شديدة قد تصل إلى الاعتداء الجسدي أو القتل ففي بحث أُجرى سنة ١٩٧٢ م على المساجين، اكتَشف العُلماء ارتفاعًا شديدًا في هذا الهرمون عند المتهمين بجرائمِ عنف وقتل واتضح بَعد ذلكَ أن

هَذا الهرمون يعمل على منطقة (المخ)

تسمى (اميجدالا Amygdala) تنشأ فيها أفكارُ التحدي والتهور والعنف- وتنشط هذه المنطقة عند الحيوانات أمَّا عند الإنسان فالعامل الأسري والمجتمعي يُثبط كثيرًا نشاطها عن طريق تنبيه هرمونين مُضادين، هما (الكوريتزول والسيروتويين) ويزيد إفراز هرمون اليتستوسيترون بعد البلوغ- ويصل إلى ذروته في سن ١٨ : ٢٤ سنه؛ لذا تلجأ الجماعات الإرهابية إلى تجنيد الشباب في هذه السن وهذا ما صرَّح به يومًا أسامة بن لادن في لقاء تلفزيوني قبل أحداث سبتمبر ٢٠٠١ م.

في هذه الفترة وفي هذا السن وتحت تأثير هذا الهرمون المرتفع يزيد الميل إلى التهور والتحدي والعنف يصل إلى مرحلةِ القتل بوسائلٍ بشعةٍ- مع مُشاهدة أفلام الجريمة- الغياب الأسري ومسلسلات العنف ويتحول الإنسان إلى التصرف الحيواني- ومن المعروف أن هرمون (التيستوسيترون) يُفرز على وَمضاتٌ خاصة أثناء النهار، مِما يجعل الميل إلى العنف الجسدي سهلاً في هذه الأوقات كردٍّ فعلٍ عنيف لأي منبه من النقاش الحاد، أو الإهانة وهُو رُبما ما حدثَ مع هذا الشاب القاتل، والغريب اكتشاف زيادة هرمون (التيستوسيتون) عند الفائزين في التحديات والرياضيات العَنيفة- وحتى عند المتفوقين عن

تحدي ولكن تركيزه لا يَصل إلى المستوى العَالي الملاحظ عند المجرمين؛ لذا فإننا نطالب بوقف عروض مسلسلات وأفلام من العنفِ والدم مادامَ دور الأسرة قد تَحجَّم تحتَ ضُغوط العوامل الاقتصادية ومِن الأهمية بمكانٍ أيضًا أن نَذكر أن (المغالاة) الدِينية تُولد نوعًا من الكَبت الجنسي الذي يَجعل تأثير زيادة هذا الهرمون عند الشباب قنبلة مَوقوتة في هذه السن الخطيرة- وأن يكون هذا الحادث جرس إنذار للاهتمام بالشباب، وتفعيل دور الأسرة والمجتمع تفعيلاً مؤثرًا ومنطقيًا بما يُحيط بها من فتنٍ وأهواءٍ.

يرى دكتور أسامة حمدي- لا يَجتمع الحُب والجريمة معًا وأبدًا- إلا في الأفلام السَخيفة وهى شهوات أمَّا الحب فَهو قرين السلام والأمان والسكينة وهو ريح من السنة أمَّا الصورة الملتقطة للقتيلة وكَانت على صفحتها تمثل طاقة سلبية- استخدمها القتيل إذ أن الصُورة توحي حبيب يطعن حبيبته وهي مستلقاة- كَما في مشهد قتل (نيرة) ويَنوى قتلها في الصورة فَتربص الجانى بالقتيلة مِن فترة -حتى أُتيح له- بعد جُرح كرامته وقد تُكرر المشهد بصور مختلفة فهل تعلمنا الدرس؟ (مَرات عديدة- وكان يريد أن يأخذ رأسها)

ما المقصود بالأمة الإسلامية

الأمة الإسلامية هِي كلمة عَربيةٌ تعني المجتمع، وهي تتميز عن الشَعب في أن الأمة ذات أصلٍ مشترك أو جغرافيًا مُشتركة ويُمكن القول إنه مُجتمع فوق وَطني له تاريخ مُشترك والأمة الإسلامية وتُسمى كَذلك بأمة محمد وأمة سيد وُلد آدم وأمة الإسلام تعني المجتمع الإسلامي وتُستخدم عادة؛ لتعني المجتمع الجَماعي للمسلمين، وفي القرآن تشير الأمة عادة إلى مجموعة واحدة تشترك في المعتقدات الدينية المشتركة في سياق الوحدة الإسلامية، فأمة الإسلام تعني أن المسلمين وحدة واحدة، فَالأمة الإسلامية كيانٌ واحد وجسدُ واحد قال ﷺ (مثل المؤمنين في توادهم وتراحُمهم وتعاطفهم مِثل الجسد إذا اشتكى منه عُضو تداعى له سائر الجسد بالسهر والحُمى) فهي رابطة الإسلام والإيمان وليس محل الميلاد.

كَيف تهدم حضارة أمة

إذا أردت أن تهدم حضارة أمة فهناك وسائل ثلاث هي:

- هدم الأسرة
- هدم التعليم
- إسقاط القدوات

لكي تهدم الأسرة عليك بتغييب دور (الأم) اجعلها تَخجل من وصفها بربة بيت" * ولكي تهدم التعليم: عليكَ ب(المعلم) لا تَجعل له أهمية في المجتمعِ وقلل من مكانته حتى يَحتقره طلابه* ولكي تسقط القدوات: عليك ب(العلماء) اطعن فيهم قلل من شأنهم شَكك فيهم حتى لا يسمع لهم ولا يَقتدي بِهم أحد.

فإذا اختفت (الأم الواعية) واختفى (المعلم المخلص) وسَقطت (القدوة) فَمن يُربي النشئ على القيم!

الحَرب على المُسلمين

الحَرب على المسلمين لها بعدان: -

١ــ البعد الأول هدم أصول الدين عبر ثلاث:

أ- تَغيير المفاهيم

ب- رد السنة

ج - مُهاجمة القرآن

٢- البُعد الثاني: هدم الأخلاق والمجتمع عَبر ثلاث

أ- تفكيك الأسرة

ب- إفساد المرأة

ج- تشريع الشُذوذ

* وآليات ذلكَ كله كانت وُفق الخطوات والمراحل الأتية.

١- إضعاف المجتمعات بالحروب والمجاعات.

٢- استخدام هَيئات الأمم المتحدة والحقوق المزعومة.

٣- إقصاء القدوات بالسجنِ أو قتل الأحياء والتشويه للأموات.

٤- مُحاربة مصادر التلقي والدعوة وحلقات الذكر.

٥- إنتاج قدوات جديدة مُتوافقة مع المخطط ودعمهم ماليًا.

٦- تَسهيل الوُصول إليهم عَبر النت وغيره .

أولًا: تفريغ القرآن الكريم مِن محتواه: -

وذلك عن طَريق تجريد القرآن مِما وَصفوه بالأمور غِير الجَوهرية من الدينِ مما أسموه بالأمور المحلية والظروف المكانية التي روعيت عند نزوله بين العرب، ويقولون أنَّ هذه الطريقة منهم هي مهمة الفَصل الجَوهري الخالد الصالح لكل زمان ومكان عن العرضي الزَّائل الذي يُثقل الكواهل، ويُقيد الخطوات، ويعمي عن الطريق، واعتَبروا أن الإسلام لا يمكن أن يحقق انتشاره وعالميته إذا أصَّر أهله على التمسك بالموروث والتاريخي والمحلي الذي نزل في عَهده الرسالة، وعِند تنزيل هذا الكلام على الواقع لتقريب المراد منه تجدهم يدَللون على عدم صلاحية قبول الحدود لوحشيتها وعدم ملائمتها للعصر الحديث، وكَذلك شهادة المرأة ونصيبها في الإرث وهكذا، وهَذه النظرية ليست بنظرية جديدة فقد سبقهم إليها الأوروبيون فيما سُمي بعصر التنوير، عندما ثار المثقفون والعقلاء على تعاليم الكنيسة المحرَّفة المصادمة للفطرة السوية والعقول السليمة وينقلون نقلاً حرفيًا هذه الأفكار، ويريدون تطبيقها على المعصوم والمنزه من الخطأ والخلل، فمونتسيكيو الفيلسوف الفرنسي الشهير أنكر أن تكون الحقيقة واحدة مطلقة وعالمية النطاق، وقال: إنَّ الشرائع لا تَصح إلا متى أخذت في الاعتبار

اختلاف المجتمعات وتَبَاينها، وعكست التطورات فيها، قبلت بمبدأ ضرورة تعديلها على ضوءٍ ما يطرأ على كل مجتمع من تغييرات أيضًا مِن محاولاتٍ تفريغ القُرآن من مُحتواه، قصر أي القرآن على مُناسبة النزول فقط وحَصرها في هذا الإطار الضَّيق؛ لتتحول آيات القرآن من عَالميتها وخُلودها إلى مواقفٍ ومناسباتٍ خاصة لا تَتجاوزها، ومن ضمن أهم قواعد التفسير المتفق عليها بين أهل العلم، قاعدة العِبرة بعموم اللفظ وليس بخصوص السَبب وهي القاعدة التي ضمنت عالمية القرآن وعُموميته وحيويته وصَلاحه وإصلاحه لكل زمان ومكان.

ثانيًا: الاستخفاف بالسنّة النبوية: -

وذلكَ بالطعن في صحتها، وإثارة الشُبهات والأباطيل عنها، ومُعايرة نصوصها بالمعايير المادية أو العلمية المجردة وجَعلها حاكمةً على السنّة تصحيحًا وقبولاً وعملاً، وترويج القول بأنها السنةّ النبوية ظهرت في ظروفٍ تاريخية مُعينة وأَنها بنت بيئتها، ومُتأثرة بِأجواء نُزولها وعند تطبيق هذا الكلام يَدخلون معظم السُنن القَولية والفَعلية فِي هذا الإطالمميزة؛ون ويَسخرون مثلاً من الأكل بِاليمين، وتشميت العَاطس، وكَراهية التَثاؤب، والتيامن في التَنعل، وغسل الإناء الذي وَلغ الكلب فيه سبعًا أولهن أو إحداهن بالتراب، وهذا باب كبير تناوله

المرجفون بكثير من الطعن والعَبث والاستهزاء، حتى صَار مِن عَلاماتِهم وأماراتِهم المميزة؛ الطعن في السنةّ.

ومَعلوم أن إقرار محاكمة السنةّ النبوية لقواعد المنطق والعقل من أعظم أبواب رد السنة والطعن فِي الدين، فالسنةّ هِي الأصل الثاني من أصول الدين، والطعن فيه هُو طعن في الدينِ كله.

ثالثًا: الطعن في الصحابة والخلفاء الرَاشدين: -

وخير القرون بالادعاء بأنها خالفوا نهجَ رسول الله ﷺ، وبدلوا الدين وحَرفوه وغَيروا أحكامَ القُرآن ويستدلون على حادثة إيقاف سهم المؤلفة قلوبهم فِي عهد عمر بن الخطاب رضي الله عنه، والتركيز على فترةِ الفتنة التِي أدَّت لمقتلِ عُثمان -رضي الله عنه-، والصراع الذي وَقع بين علي ومُعاوية -رضي الله عنهما-، واستحضار كُل الأكاذيب والأباطيل التي رَوجها الشِيعة الرافضة عن الصحابة في هذه الفترة، وبثها في كتبهم ومُحاضراتهم للتدليل على فسادِ الصحابة، وكَما هو مَعلوم فإن للصَحابة منزلة ومَكانة خاصة في الإسلام وفي قلوب المسلمين، فهم صحبة النبي ﷺ، وجنده ورجاله، وهم حملة الدين، ونقلة السنةّ النبوية، ووسائط الشَريعة بين النبي ﷺ وعموم الأمة؛ لذلكَ أثنى عليهم الرسول ﷺ في عشراتِ الأحاديث، بيّن فضلهم

ومَكانتهم وأثرهم والطعن فيهم إنمَا هو طعن في الدين، وطعن في كل ما نَقلوه عن رسول الله كَما أنه يَفتح بابًا واسعًا؛ لِلتشكيك والطعن فِي الإسلام والقرآن والسنة، إذ أنهم الذِين نَقلوا لَنا كل ذلكَ عن رسولِ الله ﷺ.

رابعًا: المُطالبة بإعادة تفسير الشريعة: -

وذَلك في ضوءِ المتغيرات الحَادثة، زعمًا منهم أن ذلكَ يمكن الشريعة من مُواكبة التطورات الجارية، وهُم يُطالبون تحتَ هَذا المسمى البَراق الذي يظن سامعه أنه فتح لباب الاجتهاد بعدم استفراد عُلماء الدين وحدهم بتفسير نصوص الشريعة، ويطالبون بلجنة من الخبراء في كلِّ العُلوم مثل الاقتصاد والاجتماع، والسياسة، والتاريخ، والتكنولوجيا وغير ذلك من العلوم والفنون، وأيضًا من المسلمين وغير المسلمين أيضًا، من أجلِ المساهمة بِمداولاتهم ونتائج نقاشهم في الوصول إلى فهم جديد وصياغاتٍ جديدة لنصوص الشريعة وعند تطبيق هذا الكلام على نصوص الشريعة نجدهم يطالبون مثلاً بمناقشة شهادة المرأة ولماذا هي على النصف من شهادة الرجل، وكذلك الميراث؟ وهل من المصلحة وفي ظل الظروف الاقتصادية القَائمة إعادة النظر فيها؟ ويُطالبون برأي الطب في تأثير الصوم على نمو الصبيان وصحة الشيوخ،

ويُطالبون الاقتصاديين بدراسة جدوى عن حجم الإنتاج في شهر رمضان، وتأثير الصَّوم على الاقتصاد كَكل وقِس على ذلكَ كل أصول الدين وفُروعه.

خامسًا: الطعن في أهل العلم: -

بالاستخفاف بمقامهم وتشويه صُورتهم والطعن في نزاهتهم، فهم يُشوهون صورة الفقهاء ويُصورنهم على أنهم قوم لا خلاق لهم، لا يعلمون إلا لخدمة أهواء السلطان، وأنهم يختلقون الأحاديث ويغلقون باب الاجتهاد ويقفون عائقًا أمام التطور، كأن ليس في سجل العُلماء الزاخر بالأسماء اللامعة إلا نماذج السوء من علماء باعُوا دينهم لدنياهم، وصَاروا نعالاً للسلاطين والطغاة، وهم يربطون عمدًا بين علماء الإسلام الكبار وأئمته العظام وبين كهنوت المسيحية من أجل التبرير لظهور طبقة العلمانية في بلاد الإسلام كَما ظهرت في أوروبا ردًا على ضلال وطغيان رجال الدين هناك.

أيضًا هُم يشوهون صورة المحدثين ويطعنون فِي الأئمة الكبار أمثال البخاري ومسلم والترمذي، ويتهمونهم باختلاق الأحَاديث ونسبتها للنبي ﷺ وخلط أقوال وآثار السابقين في كتب السنّة للتمويه على الناس، كَمَا يتهمونهم بدَسِّ أخبار مَكذوبة عن مجريات الأمور في

الدولة الإسلامية وما سَيقع من فتن وأمور عظام في أواخر الأمة، وذلكَ لقطع الطريق على استخدام هذه النصوص الثابتة في مواجهة ضَلالاتهم وأباطيلهم الكثيرة.

أيضًا عملوا على تحطيم سُمعة المفسرين، والترويج لاتهامهم بأنهم قَد أدخلوا المفاهيم الفارسية القديمة في نصوص الشريعة، بتفسير الآيات الخاصة بالحجاب ووضع المرآة في الإسلام وفقًا لهذه المفاهيم الدخيلة ويقول قائلهم: وهكذا نجح فقهاء الفرس ثم الأتراك من بعدهم ومن تابعهم من المفسرين العرب في إيهَام عامة المسلمين بأن تفسيرهم المنبثق عن التقاليد الفارسية أو التركية القَديمة أو عن مَصلحة رجال العرب جزء لا يَتجزأ من الإسلام ومُنبثق عن القرآن انظر حسين أحمد أمين في كتاب المسلم الحزين ص (٧٥)

سادسًا: إعلاء شأن الثقافة الغربية: -

وهو من أبرز معالم العلمانيين في هدم منار الدين، فهم ينظرون إلى الثقافة والحضارة والفكر الغربي بإجلال واحترام لا نظير له، بل يَفوق احترامهم للقرآن والسنّة، فتجد الوَاحد مِنهم في حالةِ انبهارٍ غير عادي بكل منتجات الغرب الثقافية والفكرية، وهم يدّعون المسلمين إلى وجوب الأخذ بها وتقديمها على ما عِداها؛ لذلك نجد كتب

العلمانيين زاخرة بالأسماء الغربية من المفكرين والأدباء والمثقفين ولا تكاد ترى اسمًا عربيًا أو مسلمًا واحدًا على الرغم من إقرار الغرب بفضل العرب والمسلمين في تقدمهم وتفوقهم، بل إنهم يتخذون من أقوال رُوسو وهوبز وكنت وملتون وكولبريدج وغيرهم مُفكري الغرب ومُنظري العلمانية في أوروبا، أدلة وشواهد عند مَناقشة الأفكار الإسلامية وتفسير نصوص الشريعة، وَذلك هو الضلال المبين إذ أن السبق للإسلام وعُلماء الإسلام وتَقدمهم في الفنون والعلوم وسرقة تراثهم إبليس رغم كفره لم يتجرأ على سبِّ ربه بل خَاطبه بأدبٍ وأقسم به " فبعزتك " أما بعض شباب اليَوم فيسب الله في غَضبه ومَرحه (لا يَرْجُونَ ٱللَّهِ وَقَارًا) هذا مَا شهدته في إحدى المشاجرات بين الشباب ألم يعلموا أن كفار قريش عندمَا أخذوا من كل قبيلة رجلاً وذهبوا؛ ليقتلوا النبي، ظلوا واقفين على بابِ بيته طول الليل بانتظار أن يخرج لصلاة الفجر رُغم أنهم كَانوا قادرين أن يقتحموا البيت من أول لحظة ويهدموه على رأس كل من فيه أحدهم حاولَ أن يقترح الفكرة مجرد اقتراح ردَّ عليه أبو جهل بِكل عنفٍ: وتقول العرب أنا تسورنا الحيطان وهتكنا ستر بنات محمد؟!!

كفار قريش كان عندهم الحد الأدنى من النَخوة والرُجولة، كانوا يعرفون أن البيت فيه نساء ولا يَجُوز أن نقتحمه، لا يَجوز أن نكشف سترهم أو ننتهك خصوصيتهم.

*أبو جهل حينمَا غضب، وضرب أسماء بنت أبي بكر (رضي الله عنهما) على وجهها طيشًا، ظل يترجاها ويَقول لها: (خبئيها عني، خبئيها عني) أي لاتخبري أحدًا أي: لا تفضحيني، ويقول الناس أني ضربت امرأة.

أبو سُفيان لما كان كافرًا، خرج مع قافلة من قريش في أرضِ الروم، فاستدعاهم هرقل ملك الروم لِيسألهم عن محمد سألهم: هل تَتهمونه بالكذبِ؟ هل يغدر؟ هل يقتل؟ أبو سفيان يقول: (فوالله، لولا الحياء أن يأثروا علي الكذب لكذبته) يعني رفض شتم النبي؛ لأنه خَاف إذا رجعوا مكة أن يقال أن أبَا سفيان كذبَ خاف على سمعته وهو كافر العظمة هنا ليست مَوقف أبو جهل أو مَوقف أبو سفيان؛ العظمة في المجتمع، المجتمع الجَاهلي الكافر كان عنده أخلاق وعزة وإنسانية، أمَّا الآن فهناك سفك للدماء وهَتك لحرمة البيوت على

الملأ، وتفاخر بقلة الشرف والدَناءة في السِلم والحرب الآن إذا اختلفنا مَع مسلم وليس مع كافر، نَتراشق معه بالسب ونؤلف عنه القصص، وكُلما جاءتنا قصة عمَّن اختلفنا معه صدقناها ونشرناها عنه وبنينا عليها المواقف (إن الله لا يغير ما بقومٍ حتى يُغيروا ما بأنفسهم) فالدين أخلاق وليس مظاهر وآيات تعلق في جدران البيوت بدون عمل.

اللهم اهدنا لأحسن الأخلاق فإنه لا يَهدي لأحسنها إلا أنت يا الله

تحذير

أرادوا لشباب العرب والمسلمين أن يبقى مُمزقًا حائرًا بين الفن، والرياضة، والموضة، والترفيه، ووسائل التواصل الاجتماعي، والإباحية، والتطرف الدِيني والعَلمانية والإلحاد وهذه وسائل الاستعمار والغَزو الجديدة لبلادِ العرب والمسلمين والشباب هُم عماد الأمم ووقود الشُعوب فإذا تَمزقوا على هذا النحو ضَاعت الأمم ووقود الشعوب فإذا تمزقوا على هذا النَحو ضَاعت الأمم والشعوب وكل مَن يسكت عن توعية الشباب وترشيدهم من أهلِ الذكر والفكر فَهو خَائن للأمانة ومُشرك في تلك الجَريمة النكراء التِي لن يُسلم مِنها أبناؤه وأحباؤه! فالثبات في أوقاتِ الفتن= من أعظم المنن!

أحوال فتن آخر الزمان

الحَديث عن أوصافِ وأحوال فتن آخر الزمان، وعَن الموقف الأمثل للمسلم لاتقائها والسَلامة منها، حديث مهم وضَروري للنجاة منها، والسَّلامة من شَرها خاصَة في هذه الأيام العصيبة، التي توالت فيها الفِتن وتنوعت، وعمت وطمت، عافانَا الله جميعًا من شرورها، لقد حذرنا الشَرع المطهر من الفتن: تقع في آخر الزمان، كَما جاء ذلكَ في قوله ﷺ «يَتقارب الزمان، ويقبض العلم، وتظهر الفتن، ويُلقى الشّح، ويَكثر الهَرج، قَالوا: ومَا الهرج؟ قالَ: القَتل» متفق عليه.

ونظرًا لكثرة الفتن، وشِدة خَطرها على العبد، وردَت نصوص عَديدة تُحذر من الوقوع فيها، وأفرد لَها العلماء والمحدثون فصولاً وأبوابًا في كُتبهم ومُصنفاتهم، للحديث عنها، وعَرض سبل النجاة منها، وقد قال النبي ﷺ «إن عظمَ الجَزاء مع عظم البلاء، وإنّ الله إذا أحبّ قومًا ابتلاهم، فمَن رَضي فله الرضَا، ومن سخط فله السَخط» رواه الترمذي وابن ماجة من حديث أنس رضي الله عنه، ما الحِكمة من الفتنِ والبلايا خاصةً فتن الدين؟ لقَد خلق الله تعالى الخلق لحكمٍ بالغة، وغايات سامية، كما قال سبحانه

﴿وما خلقت الجن والإنس إلا ليعبدون﴾ (الذاريات: ٥٦).

فخلق الثقلين الجن والإنس لعبادته وحده لا شريك له، والعبادة هي: اسمٌ جامعٌ لكل ما يحبه الله ويرضاه من الأقوالِ والأعمال، الظاهرة والباطنة، فيجب تعلمها وأداؤها على وَجهها والإخلاص فيها الله تعالى ومن سُنن الله تعالى فِي خلقه ابتلائهم وامتحانهم حتى يتبين الصادق في إيمانه، الصابر على بلائه، مَن ضده وهو الكاذب أو الضعيف في إيمانه، ومَن يجزع عند بلائه، قالَ تعالى: ﴿أحسبَ الناس أن يُتركوا أن يَقولوا آمنا وهم لا يفتنون ولقد فتنا الذين مِن قبلهم فليعلمن الله الذين صَدقوا لَيعلمن الكَاذبين﴾ (العنكبوت: ٢-٣).

أي: فليعلمَن الله ذلكِ ظاهرًا يظهر للوجود؛ ليترتبَ عليه الجزاء، ويظهر فيهم ما علمه الله مِنهم في الأزلِ بعلمه السابق إذ أنَّ الله تَعالى من رحمته: أن لا يُعاقب عباده على ما علم أنه سيكون منهم قبل أن يعملوه، قال سبحانه" ونبلونكم بالشِرّ والخير فتنةً وإلينا ترجعون" (الأنبياء: ٣٥)، وكَما قال النبي ﷺ: «إن عظمَ الجزاء مع عظم البلاء وإن الله إذا أحبَّ قومًا ابتلاهم فمن رضي فله الرضا، ومن سَخط فله السَّخط» أخرجه الترمذي وابن ماجة.

الحرب على الإسلام وأبعادها

لقد أبرز الواقع العملي لهذه الحملة أشكالاً مُختلفة من أشكال المواجهة، فمن الحروب المباشرة إلى الحملات الإعلامية ضدَّ الإسلام والمسلمين، إلى مُحاصرة العمل الخيري، والتدخل في مَناهج التعليم، والدعوى إلى حرب العقائد والأفكار ولعل هذا الأخير هو الأهم في أشكال المواجهة التي تعول الولايات المتحدة عليها؛ لتحقيق أهداف الحملة على المدى الطويل وبِما أن هذه الحرب هي حرب ضد الإسلام؛ ولأن مَاهية أي دين عبارة عن عقائدٍ وشرائع وأخلاق- أي مجموعة أفكار ومفاهيم فإن الحرب الحَقيقية كما يَراها الغرب يجب أن تكون حربًا ضد هذه الأفكار، فالغرب يُدرك جيدًا أنه أمام خصم لا تكمن قوته في عِدته وعِتاده، لكن نقطة القُوة الوحيدة لهذا الخصم هي هذه المفاهيم والأفكار التي يحملها، والتي تجعله قادرًا على التضحية والإقدام وتجاوز كل حالات الإحباط والهزيمة النَفسية المفروضة على أمة الإسلام، والواقع أن تاريخ الحرب الفكرية التي يمارسها الغرب ضد الإسلام يمتد لقرون، وقد تبنى الاستعمار الغربي الكثير مِن الحملات المنظمة للغزو الفكري ضد الإسلام، والذي تغير اليوم هو أن هذه

المخططات والإجراءات انتقلت من السر إلى العلن، فقد أصبحت الولايات المتحدة والغرب تتمتع بِهَامش مُناورة كبير، وباتت حركة الوِلايات المتحدة أكثر حريةً في هذا المجال عقب أحداث الحادي عشر من سبتمبر، فقد أُجبرت دول العالم -بالاشتراك معها- في حملةٍ ضد الإسلام متذرعة بأن الإسلام باتَ يُشكل خطرًا محدقًا بالأمن العالمي عمومًا وأمنها القَومي خصوصًا مُحتجة في ذلك بما حدثَ في نيويورك صباح الحادي عشر من سبتمبر ٢٠٠١م، وما يحدث هنا وهناك من أعمال تفجير وقتل والحديث اليوم عن حرب الأفكار معقد ومتشعب، وبات أكثر حدةً وشراسةً مما قَبل أحداث نيويورك، وبِصورة عامة فإن هذه الحرب الفكرية تسير في خطين مُتوازيين، كل منهما يقوم بدوره في هدم المفاهيم والقيم الإسلامية وهُما:

أولاً: مُعاول هدم من الداخل:-

وهذا ما يُستخدم فيه المداهنون والمنافقون، وأصحاب الفرق الضالة، ومُهمتهم تكمن في استبدال مفاهيم الرسالة المحمدية والعقائد الإسلامية الصحيحة بمفاهيم عصور الانحطاط وإقناع المسلمين بأن مفاهيم عصور الانحطاط هي المفاهيم الإسلامية الصحيحة؛ رغبةً في تبديل الإسلام وتحريفه إذ أن المهمة الأولى للغرب هي إضعاف الإسلام

لجعله عَاجزًا إلى الأبدِ عن اليقظة الكبرى، وقد أفسَحت لهؤلاء شاشات الفَضائيات ومنابر الإعلام العربي لتنفيذ مَهامهم.

ثانيًا: معاول هدم من الخارج:-

وهذا ما أوكل لعملاء الغرب من الملاحدة والعَلمانيين والمنحلين، فهم يعرضون في كل بيتٍ من بُيوت الإسلام من خلال شَاشات التلفزيون ما يدعو إلى الانحلال والتحرر من القيم والأخلاق، وفرض النظرة الحَيوانية في علاقة الرجل بالمرأة، وإثارة الغَرائز الجنسية والشهوانية، وعرض صُور للحياة والإباحية الغَربية بطريقة مَدروسة ومُحببة للنفوس، وهم لا يترددون في شن حملات إعلامية شَرسة؛ لتشويه الإسلام مُتهيمنة بالتحجر والتخلف وكَبت الحريات داعين المسلمين إلى الفوضى واستباحة كل شيء باسم الحرية، وإلى استبدال الثقافة والعَادات الإسلامية بِالثقافة والعَادات الغربية، مستغلين المرأة في تحقيق ذلك، وهم في ذلك يَتكتمون على الوضع الاجتماعي والأسري الذي وَصل إليه الغرب ومَا يعصف بهما من اضطرابات قاتلة، وأزمات مُدمرة بسبب الأخلاقيات السائدة هناك وفي اعتقادي أن ما يسعى إليه الغرب من جذبِ المجتمع المسلم للتقارب مع أخلاقياته رُبما تكون مقدمة لحملات تَنصيرية تَجتاح المنطقة في المستقبل وبين هذا وذاكَ

يقفُ المسلم في حيرة من أمره فإن ذهب يبحث عن إسلامه؛ ليسترشد به في حياته وجد الفرق الضالة ومن نصبهم الإعلام الحديث نيابة عن الإسلام وقد حولوه إلى تقديس للوهمِ والخرافةِ، وتقديس للجن والأموات، وعبادة للقبور، وتمجيد للشعوذة والدجل، وتقديس لطَواغيت الأرض، وإقرارهم على ظلمهم، والسكوت عن فسادهم، ومدحهم وإطرائهم، ومحاربة لصوتِ الحق، والاهتمام البَالغ بالقضايا الشكلية دون جوهر الإسلام، كل ذلكَ ممزوج بألوان من الطرب الصَاخب باسم الذكر والعنف والقسوة على الذات باسم العبادة كما يفعل الرافضة يَوم عاشوراء، وهَذا كله لا يستسيغه ضمير الإنسان وعقله وفي يتنافى مع الفطرة التي فطر الله الناس عليها، عندها يَموت الضَمير ويتلاشى صوت الفطرة في أعماقِ الإنسان؛ ليبقى صوت الشَهوات والغرائز قويًا ومتفردًا في أعماقٍ الإنسان، وهُو ما سَيجبر هذا المسلم على الاستسلام أمام هذه الضغوط، والانضمام إلى صُفوف الإلحاد والمجون، وإعلان الهزيمة والقبول باستعباد الحضارة الغربية له ومن أصر على الاستمساك بمفاهيم الفرق الضَّالة والمداهنين وغيرهم ممن نُصبوا للحديث نيابة عن الإسلام ظنًا منه أن هذه المفاهيم هي الإسلام فإنه سيعيش في أجواء عصور الانحطاط مُتقوقعًا مُتحجرًا

لا يقدر على شيء، ولن يجد تفسيراً صَائبًا للفشل الذي يُحيط به من كل جانب وبعد فإن ما يَجري في الوَاقع في مَجال الحرب الفكرية والغزو الفكري ضِد الإسلام لهو شيء عظيم، ولشراسة هذه الحملة اليوم فقد غيرت مناهج دراسية سبق أن أشرف على إعدادها جمع من العلماء بما يتفق مع ديننا وتقاليدنا وحُوصر الدُعاة وحُوصرت أنشطتهم، وازدادت الفَضائيات إباحية كل ذلك عقب أحداث سبتمبر التي حَشرت العمل الإسلامي في زاويةٍ مَكشوفة، وأعطت الغرب فرصة ذهبية لتجنيد العالم، وضرب النشاط الإسلامي كَما كان يحلم، وأدخلت العَمل الإسلامي في مواجهة مع العالم بأسره في وقتٍ كان هو في غنىً عن ذلك، وعلى أي حال فإن جميع حملات الغزو والمؤامرات ضد الإسلام سيكون حليفها الفشل، ولن أدلل على صحة هذا بجدلٍ فلسفي، بل أستدل بقولِ الله - جلَّ وعلا - في كتابه عن هؤلاء المتآمرين ضد دينه: (هُوَ الَّذِي أَرْسَلَ رَسُولَهُ بِالْهُدَىٰ وَدِينِ الْحَقِّ لِيُظْهِرَهُ عَلَى الدِّينِ كُلِّهِ وَلَوْ كَرِهَ الْمُشْرِكُونَ) الصف 9 هذه الآية فيها وعد الله بفشلِ كل المتربصين بالإسلام، وفيها ما يكفي لدفع اليأس، والإحباط عن الأمة، ومَا يكفي للتفاؤل، والثقة بمستقبل هذا الدين، ويبقى على جميعِ أفراد الأمة اليوم التَصدي لحملات الغزو الفكري،

وعدم الاتكالية فهي ليست من قيمنا وعلينا بذل جهدنا ما استطعنا للدفاع عن الإسلام والدعوة تأسيًا بالنبي ﷺ، والابتعاد عن أعمال التخريب التي تضر بالعمل الإسلامي أكثر مِما تنفع، وتُكسب العدو مِصداقيةً أكثر حتى في بعض أوساط الرأي العام الإسلامي، فالأمة اليوم تَمر بأخطر مَرحلة في تاريخها على الإطلاق، فلم يعد الخطر يهدد أرض المسلمين فقط بل باتَ يمس مفاهيمهم وعقائدهم وقيمهم ومِما أكسب هذه الحملة قوة وشراسة أكبر أن الغرب اليوم يسخر كل ما في يديه من إمكانياتٍ وتقنيات حديثة للوصول للأهداف المرسومة، وهذا يحتم اليوم تطوير أساليب العمل الدعوي والاستفادة من التقنيات الحديثة للتصدي لموجات الغزو الفكري، والحاجة إلى مؤسسات إعلامية إسلامية تَتصدى لهذه الموجات، وتدعم العمل الدعوي، وتسهم في نشر المفاهيم الإسلامية الصحيحة خاصة لا تزال قائمة، فالإعلامُ هو حجر الزاوية في مخططات الغرب فهل نَسبقه إلى ذلك؟!

البعد عن الدين (دور المسجد)

المسجد مَعلَمٌ مرتبطٌ بالإسلام والمسلمين ارتباطًا وثيقًا، حيث قال الله -تعالى- مخاطبًا المسلمين: ﴿وَأَقِيمُوا وُجُوهَكُمْ عِندَ كُلِّ مَسْجِدٍ﴾، وتكمُن أهمية المسجد أنه المكان الذي يُؤدي به المسلمون أهم أركان الإسلام، وهِي الصلاة فيجتمعون فيه خمس مراتٍ في اليوم والليلة؛ ليؤدوا صَلاتهم في جَماعة كما أمرَ اللهُ -تعالى- ورسوله ﷺ، وهُو المكان الذي يقصده من أراد الاعتكاف والتقرب من الله - تعالى- ومُناجاته والخلوّ معه، يَجتمع المسلمون في المساجدِ ليس للصلاة فحسب، بل هي أيضًا مكانٌ؛ لتدارس القرآن الكريم، وحفظه، وتَعلم عُلومه كأحكام التلاوة، والتَّجويد، وتَفسير القرآن الكريم، كما تُقام فيه الدُروس والمواعظ لتذكير المسلمين بالله تعالى- وحَثهم على الأخلاق الفَاضلة والتَمثل بها فينهل المسلمون من المساجد كل ما ينفعهم في دينهم، يُعتبر المسجد في الإسلام دارًا للإفتاء؛ لأن المساجد لا تخلو من العلماء والفقهاء ومن حلقات العلم، فيقصدها كل من أراد أن يتعلم شيئًا من الدِين وكذلك من التبس عليه حكمٌ في مسألةٍ ما، أو أراد التَّفقه وتَعلم عُلوم الشريعة الإسلامية، يَجتمع الخصوم لحل

مشاكلهم في المسجد، فيسألون شخصًا حكيمًا أو إمامًا عادلاً فيقضي بينهم بالعدل، كما كان يفعل رسول الله ﷺ عندما يأتيه خِصمانٌ متنازعان فيحكم بينهما وكان المسجد مكانًا للتقاضي في زمن النبي - عليه الصلاة والسّلام- وفي عهد الخلفاء الراشدين، لكنه لا يصلح لِذلك في زمننا الحالي مع ازدياد أعداد المسلمين، فخُصص للقضاء مكان محدد غير المسجد، تصقل المساجد شخصيَّة المسلمين وتصنع منهم رجالاً حقيقيّين، قلوبهم مُعلقة بالله -تعالى- ولا يخافون لومة لائم، ولِكونها المكان الذي يربط الأرض بالسماء فقد كانت مَنبعًا للتقاة المصلحين، كيف لا وقَد حُوّلت المساجد أهل الجاهلية من جَهلة غليظي القلب إلى صحابةٍ كرامٍ حملوا دين الإسلام على عاتقهم ونشروه في شتى بقاع الأرض، ويعد المسجد المكان الذي كانت تنطلق منه جيوش المسلمين في الغزوات والحروب كافة، مُنطلقين وفاتحين البلدان، فكانت بيوت الله -تعالى- هي مَنبع نشر الإسلام والقضاء على الشركِ وتَخليص البشرية من الظّلم والعُبودية، يُعتبر المسجد المكان الذي يقوي الأواصِر والروابط بين المسلمين، ويحقق بَينهما لمساواة فَيجتمعون كلهم على اختلاف أعمارهم وأشكالهم وأصُولهم، ويَقفون في صفٍ واحدٍ مُتماسكين وتَزداد الألفة بينهم وتصفو قُلوبهم مِن

البغضِ والكراهية، ويتفقد حَاضرهم الغائب وتُعد المساجد ملجأ لكل مِلهوفٍ من الفقراء والمِساكين، فقد كانَ رسول الله - عليه الصّلاة والسّلام- يُوزع عليهم الأموال والغنائم في المسجد، كَما فعل مع فقراء قوم مُضَر عندما رأى حالتهم، فَخطب بالمسلمين يحثّهم على الصّدقة ثم أعطاهم ما يكفيهم لسد حاجتهم، كما يفتح المسجد أبوابه للناس في الحروبِ والكوارث ليلتجئوا فيه ومِن أجل التطبب والتداوي فَقد كَان سعد بن معاذ -رضِي الله عنه- يُمرض في المِسجد يوم غزوة الخَندق عِندما أُصيب، ويتضحَّ مما سَبق عظمة المِساجد وكم لها من الأهمية في ديننا، وتجدر الإشارة لعظمة المِسجد النّبوي، فله من المكانة ما يميزه عن باقي المساجد إذ أنشأه رسول الله ﷺ فور وُصوله المِدينة المنورة؛ ليكون المكان الأول لاجتماع المسلمين وتعليمهم دينهم ولايزال المِسجد النبوي إلى يومِنا هذا يحظى بميزةٍ خاصةٍ عند المسلمين، ويَقصدونه من كلِّ البِقاع ويشدون له الرحال، قال رسول الله ﷺ: (لَا تُشَد الرحَالُّ إلا إلى ثَلَاثَةِ مَسَاجِدَ: مَسْجِدِي هذا، وَمَسْجِدِ الحَرَامِ، وَمَسْجِدِ الأقْصَى)، وهذا المسجد فيه من الخَير والبركة مَا ليس في سواه، إذ يستشعر زَائره في كلِّ زاوية من زواياه ذكريات رسول الله ﷺ وأصحابه، دور المِسجد في حياة الفرد والمجتمع إن للمساجدِ دورًا

فاعلاً فِي حياة الفَرد المسلم، فهي ليست مجرد مكانٍ تُؤدى فيه الصَلوات فحسب، إنما كان له أدوار عظيمةُ مِنها ما يأتي: تخليص النفس البشرية من العبوديةِ والتَذلل لغير الله -تعالى-، وتجريدها من التعلق بأمورِ الدنيا وصغائرِ الأمور، فتسمو النفوس لباريها وتَسكن دَاخل أُطُر المِساجد، فلا سلطةً لقوي على ضعيفٍ فيها، إذ تَذوب فيه كل الفروقات الدنيوية ولا اعتبار لها في المِسجد، نشر شتّى العلوم والمعارف بين الأفراد وغَرس الإيمان في قلوبهم، إذ إن المِساجد تُعد مَنهلاً يِستقي منه كل متعطشٍ للعلم، وهي لا تزال مكانًا ثابتًا؛ للتّعلم من زمنِ رسول الله ﷺ والتابعين إلى يَومِنا هذا ولولا حلقات العلم التي كانت تُقام في المِساجد لما وَصلتنا الكثير من أمورِ الشريعة، فقد كان العلماء يتحلقون حولَ شُيوخهم على قدمٍ وساقٍ، ثم ينشرون ويُدونون ما تعلموا من التفسير، أو الفقه، أو الأحاديث النبوية، مع صُعوبة الأمر عليهم في زمنٍ لم يكن فيه وسيلةٌ سهلةٌ للتّنقّل أو الكتابة، وبالتالي تعتبر المِساجد مَكان التعلم الأول الذي سَبق المدارس والجَامعات والمِعاهد، وهُو لا يزال كَذلك في عصرِنا؛ لأنَّ من يتعلم شيئًا داخل المسجد لا يكتم هذا العلم لنفسه، بل يُعلمه لِمن حوله من الأهل والأصدقاء، فينتشر العلم بينهم ويقل الجهل بين المسلمين، القضاء

على المنكرات وتَقليل وقوعها بين الأفراد وذلك؛ لأنَّ الصَلاة تنهى عن الفحشاء والمنكر، وانغماس الأفراد بِالمساجد وتعلقهم بِصلاة الجَماعة يُبعدهم عن إتيان الفَواحش صغيرةً كانت أو كبيرةً؛ لأن المسلم يبقى متعلقًا بالمسجد في يومه وليله يَتذلل بين يدي الله - تعالى- بكل جَوارحه، ويُحب الله ورسوله، فيبتعد عن كل ما قَد يُبطل صلاته أو يَجعلها غير مقبولةً عند الله تعالى- تنمية الوَازع الديني في نفسِ المسلم؛ لأنه يحرص على ترجمة ما تَعلمه من قيم ومبادئ داخل المساجد إلى سلوكياتِ وأفعال تظهر عليه، التوجيه المستمر من العلماء وأئمة المساجد للمصلين، وحثهم على الإلتزام بالدين والتَّمسك بالأخلاق الفَاضلة، كما يُوجهونهم لكل ما يلتبس عليهم في أمور دينهم، دور المسجد في المجتمع المسلم تؤدي المساجد أدوارًا تعود كلها بالنفع والخير عَلى المجتمع المسلم ومنها ما يأتي: نشر الدعوة الإسلامية إلى شتى بقاع المعمورة حيثُ إن المِساجد كانت ولا تزال المنارة التي يشع منها الإسلام؛ لأنها لا تَخلو من الدُّعاة والمصلحِين، تماسك المجتمع، والحِفاظ عَلى الأسرة المسلمة وتحقيق التكافل الاجتماعي وذلكَ بسبب الوَعظ الدَائم في المِساجد حولَ ما يَخص وحدة المسلمين وتآلفهم، القَضاء على الجَهل بينَ المسلمين ونَشر العُلوم والمعارف

بينهم، فهو كَما أشرنَا مكان لتعلم المسلمين شُؤون دِينهم؛ لاحتوائه على حلقاتِ العلم، ودُروس الوَعظ والإرشَاد مِن العلماءِ والفُقهاء المختصّين، تَوحيد كلمة المسلمين، وتقوية الروابط بينهم وتقوية روابط الأخوةَّ الإسلامية وذلك؛ لأنَّ المساجد تُنشئ بين المصلّين علاقات سامية، إذ يجتمعون في اليوم والليلة خمس مرات ويجتمعون كل أسبوع في صلاة الجمعة، كما يجتمعون في المواسم المختلفة كما في صلاةِ العيدين، مِما يقوي العلاقات الوِدية بينهم، فيتعارفون ويتزاورون فيما بينهم، ويتعاونون على البرّ والتقوى، وتصفو نفوسهم من الحقد والضّغينة والحسد، وبذلك تنتشر بين المسلمين العادات الحسنة من عيادة المريض وإغاثة الملهوف وإجابة الدّعوة وغيرها الكثير؛ لتفعيل مبدأُ الشورى بين صفوف المسلمين إذ يتناقش المسلمون فيما بينهم بما يخص مصلحتهم بموضوعية ويتقبل كل منهم الآخر، تقليل وقوع الجرائم والفواحش في المجتمع؛ لأن ارتباط المسلم بالمسجد وبالصّلاة يُبعده عن الوقوع في المعاصِي والمنكرات، قال الله -تعالى-: (إِنِ الصلَاةَ تَنْهَى عَنِ الْفَحْشَاءِ وَالمنْكَرِ) إذ أن المسجد جامع وجامعة.

سوء المعاملات

أهمية نَشر المعاملة الحسنة بين الناس، إن الإسلام دعى إلى حسنِ معاملة الآخرين بلطفٍ ومَودةٍ والاستماع إليهم وتقدير وجهة نظرهم، وشملت دعوته في ذلكَ الرجل والمرأة، والغني، والفقير، بل الإنسان والحيوان .

إن لحسن معاملة الآخر فَوائد كثيرة في المجتمع لعلَّ من أهمها نشر الأخلاق الحَميدة بين الناس كاليسرِ، والصفح، والسَماحة، وطلاقة الوجه، كما أنها أيضًا تزيد مِن المحبة والألفة بينَ أفراد المجتمع، ويمكن تقسيم حسن المعاملة على محاورٍ مختلفة:

فهناكَ حسن المعاملة مع الله سبحانه وتعالى هو الذي يُورث التقوى والوَرع بين العباد.

وهناكَ حُسن المعاملة مع الناس وهو الذي يكسب المرء ثقة الآخرين فيه وثقته مع نفسه و يأتي هَذا المِحور تحت معنى قوله ﷺ: «لا يُؤمن أحدكم حتى يحب لأخيه ما يحب لنفسه» (البخاري)

هناكَ حُسن المعاملة مع المرأة وهِي التي تعبر عن رقي دين الإسلام وعالمية رسالته، وهِي التي تأتي تحت قوله ﷺ:«واستوصُوا بالنساء خيرا» (البخاري).

إلا أن مِن المحاور الرئيسية في حسنِ المعاملة في عصرنَا هذا مِحوران هما: حسن مُعاملة الحيوان وهي تَدل عن رَحمةِ الإسلام بِجميع المخلوقات وتَجلب الخير، والبركة، والرشاد للأمة جامعة، وحُسن المعاملة مع العمال والمستخدمين وهي التي تدفعهم إلى الإخلاص والمحافظة على الأموال وسلامتها ومِن ثم تنشر في المجتمع روح من السلام والألفة بين طبقاتِه المختلفة فتحافظ على كيانه وتقوي أواصر وحدته، وقَد وردت أمثلة كثيرة في السنة النبوية الشريفة تحث على الرَأفةِ بالحيوان كأحد المحاور المهمة لفضيلة حسن المعاملة قال ﷺ (دخلت امرأة النار في هرة حبستها لا هي أطعمتها ولا هي أطلقتها تأكل من خشاش الأرض).

وعن ابن عباس قال: نهى رسول الله ﷺ عن التَحريش بين البهائم (أبو داود). والتَحريش هو الإغراء والتحريض، والتَحريش بين الطيور والحيوانات يتخذ لعبة في بلدان كثيرة، وفيه إيذاء للحيوان واستخدامه في غير ما خلق له، وفي هذه اللعبة يَقوم العَابثون بالحيوان

أو الطير بإعطائه عَقاقير وكِيماويات تَجعله يَثور ويشرس على مثله؛ كي تَزداد مُتعة المشاهدة، وهو نوع من العدوانية وسُوء الخلق، يربي النفس على التوحش والتَلذذ بِتعذيب الآخرين وآلامهم.

وعَن ابن عباس أن النَبي ﷺ قال: «لا تتخذوا شيئًا فيه الرُوح غرضًا» (مسلم)، فالرسُول ﷺ حريص أن يربي أصحابه على احترام الحيوان والرفق به؛ لأنَّ صلاح النفس ومنهجها القَويم في المحبة والاحترام للمخلوقات واحد، سَواء كان هذا المخلوق جمادًا أو حيوانًا أو إنسانًا حقيرًا أم شريفًا، فالالتزام بالمنهج واحد وهو احترام المخلوقات تقديرًا لخالقها الواحد؛ لأن الاستهانة ببعض الخلق وإن كان حيوانًا نذير بفساد في النفس يدعوهَا للاستهانة ببقية المخَلوقات وعدم توقير خالقها.

وعن حُسن معاملة الخادم وإقرار مساواته بغيره إنسانيًا، جاءت السنة الشريفة تدعم هذا المعنى فَعن المعرور قال: لقيت أبا ذر بالربذة، وعليه حلة، وعلى غلامِه حلة فَسألته عن ذلكَ فقال:

إنِي سابِبتُ رجلاً فعيرته بأمه، فقال لِي النبي ﷺ: «يا أبَا ذر أعيرته بأمه إنك امرؤ فيكَ جاهلية إخوانكم خولكم، جعلهم الله تحت

أيديكم، فمن كان أخوه تحت يده فليطعمه مما يأكل وليلبسه مما يلبس، ولا تكلفوهم ما يغلبهم، فإن كلفتوهم فأعينوهم» (البخاري).

وفيه نبذ لكل قول أو فعل فيه إشارة إلى عدمِ احترام كرامة الإنسان، مَهما دنت منزلته ويبدو أن الذي دَفع التابعي لسؤال الصحابي أن ملابس أبي ذر وملابس غلامه قد تطابقت في المنظر والهيئة، مما يعكس مدى تشرب الصحابة للقيم الأخلاقية العالية التي دربهم عليها رسول الله ﷺ.

وعن أبي سعيد قال: كانت سوداء تقم المسجد، فتوفيت ليلاً فلما أصبح رسول الله ﷺ أخبر بموتها، فقال: «ألا آذنتموني بها فخرج بأصحابه فوقف على قبرِها فكبَّر عليها والناس من خلفه ودعى لها ثم انصرف. (ابن ماجه). وفيه بيان النبي ﷺ لأهمية أن يعرف المسلم من يقومون على خدمته ويحترمهم ويقدر فعلهم، فَقد كان النبي ﷺ يسأل عن أصحابه جميعًا سواء منهم من كان شريفًا أو ضعيفًا، سألَ عن منظفة المسجد، وشعر بفقدها وحزن لموتها، وأنَّب أصحابه ولامهم على تصغيرهم شأنها وكِتمان مَوتها عنه، ثم أخذ أصحابه وخرج إلى المقابرِ فاستدل على مكانها فأوقفهم وراءه وصلَّوا عليها، وفيه تدريب عملي للصحابة على احترام الآخر مهما صغرت مكانته الاجتماعية،

وهذه المرأة التي كانت تُنظف المسجد، لم يثبت لها التاريخ صفة غير تنظيف المسجد، ولكنهم بعد فعل النبي ﷺ رسَّخ في نفوسهم مَعنى المساواة بين الآدَميين، وبأنه ليس في منهجِ الإسلام فرق بين أفراد أمته، فكلهم لآدم، وكلهم من ترابٍ.

جوهر البيت المسلم

ليس شعارات أو ملصقات، ولكنه جوهر- قبل المظهر- يعكس حرص أصحابه على التزام الإسلام بكل جَوانبه.

وعلم أولادك إذا ضللت الطريق فعليك بالمسجد أيًا كان الضلال في الطريق أو التفكير فالخير والهدى في المسجد.

من خصائص البيت المسلم: -

١- سلامة العقيدة: -

فالمسلم يُلقن عند أول نطفة (لا إله إلا الله) وعِند مَوته كَذلك وبَين الميلاد والموت يَجب أن تتفِق حَياتنا كُلها مَع (لا إله إلا الله) وعندِما يشب تغرس العقيدة في قلبه بأسلوب سلس (يا غلام إني أعلمكَ كلمات احفظ الله يحفظك).

٢- الحرص على العبادات: -

ومتابعة الأفراد فيها - قال تعالى ﴿يَا أَيُّهَا الذِينَ آمَنُوا قُوا أَنْفُسَكُمْ وَأَهْلِيكُمْ نَارًا وَقُودُهَا الناسُ وَالحِجَارَةُ﴾ [التحريم (٦)] وفي الحَديث الشريف ﴿أَلَا كُلكُمْ رَاعٍ وَكُلكُمْ مَسْئُولٌ عَنْ رَعِيتهِ﴾

٣- سُمو الاهتمامات: -

أن تتعلم الزوجة من زوجها ما يَصلح شأنها وأسرتها قد كَانت المرأة المسلمة قديمًا: تتلقى زوجها عند عودته من خارج المنزل قائلة: ماذَا نزل اليوم من الحق (أي الوحي) ويَخجل المسلم عندمَا يرى عموم المسلمين مشغولين مشغوفين بأخبار اللاعبين والساقطين إلى غيرَ ذلكَ من التفاهات.

٤- مراعاة آداب الإسلام وقيمه:

في الطعام، والشراب، والنوم، والحديث، والاستئذان، والنظافة، والنظام، والجمال.

٥- الحذر من كل المفسدات:

التي تؤدي إلى خلل الأسرة وعدم الاستقرار.

التوسط والاقتصاد في المعيشة وتحري الحلال إذ أنه شعار المسلمين وهو طريق السلامة في الدنيا والآخرة.

الأسرة في مَهب الريح

كثيرًا ما نتحدثُ عن أهميةِ دور الزَوجة والأم داخل أسرتها ومدى الخلل الذي يَحدث للأسرة والأبناء عند غِيابها أو تقصيرها في أداء مُهمتها، ومع اهتمامنا بدورِ الأم نهمش أحيانًا دور الأب على الرغمِ من أهمِيته فهو الذي يوجه السَفينة ويقودها إلى برِّ الأمان، فلماذا يغيب الأب؟ ومَا أثر غَيابه في الأسرة؟ وكيفَ نتجنب الآثار السَلبية لهذا الغياب؟

*المال ضيع الأولاد!

مُحاسب يروي قصته مع السفر فيقول: كسَبت كثيرًا من سَفري إلى إحدى الدول الذي امتد قرابة السَنوات العشر، ولم نعد نعاني أي أزمة مَادية، بل أصبحنا على النَقيض نعيش في رغدٍ من العيش، وكنت خلال السَفر أترك زوجتي وأولادي في بلدي لظُروف ارتباطهم بالمدارسِ، وكانوا في رعايةِ والدي - وهو شيخٌ كبير- ولكنه لم يستطِع أن يستوعب أحد أبنائي الذي أخذ يُدخن السجائر ويرسب في المدرسة وانضم إلى رفقاء السُوء وانقلبت شخصيته تمامًا وفقدنا السيطرة عليه، وكُلما رأيته أمَامي تذكرت أنه ضحية سفري.

أما تجربة-معلم-، فكانت تجرِبتُه أشد إيلامًا فقد ظل الرجل مكافحًا طَوال حياته مَع زوجته -معلمة أيضًا- حتى جَاءته فرصةَ السَفر وهُو في الخمسينات من عمره واصطحب زوجته وأولاده تاركًا اثنين مِنهم على أبواب الثانوية العامة؛ ليكمِلوا دراستهم الجامعية واستمر هو وزوجه في السفرِ.

وكانت أول مُفاجأة هي رسوب أحد الأبناء ونجاح الآخر نجاحًا كالرسوب، وزلزلت المفاجأة الأب وهو الذي عانى حتى يكون أولاده دائمًا متفوقين، فتحمل الغُربة وحده وأرسل زوجته إلى الأبناء، وهُنا اكتشفت الأم السهرات غير البَريئة التي تورط فيها أبناها وتدخينهما المخدرات، ورفقاء السوء وبعد جُهد جهيد نجحَ الولدان بمجموعٍ ضعيف أدخلهما معهدًا وليس الكلية التي كانَا يحلمان بها وأسرتُهما، وتضاعفت سنوات الدراسة عليهما لضعف مستواهما وضَعف الرقابة عليهما.

حالُ طالبة فهي مثل الكثيرات فأبواها طبيبان سافرًا واصطحاباها وفِي الثانوية العامة أرسلاها إلى جِدتها؛ لتعيش مَعها وتلتحق بالجامعة وأغدقا عليها بالملابس والأموال، نجحت في الثَانوية ودخلت الجَامعة، ولكنها حولت الشقة إلى وكر تعاطِي المخدرات

والهِيروين مع زميلاتها بحجةِ المذاكرة معهم، ورسبت في الجَامعة وأخفت ذلكَ عن أهلها الذين لم يكتشفوا ذلكَ إلا بعد فوات الأوان حينمَا قُبض على الطالبة وهي تشتري الهيروين، وانتهى بِها الحال إلى مَصحة لعلاج الإدمان وسط دُموع الأب والأم، فمَاذا أفاد المال وإذَا كَان الطبيب والطبيبة عجزًا عن رعاية ابنتهما الوحيدة فماذا سَيفعل من هم أقل منهما؟!

***من يردم الفجوة؟**

أنا دكتور مُهندس أنتدب للخارج كثيرًا بسبب تخصصي النادر وذلكَ منذ أكثر من ١٠ سنوات وكنتُ قد تركت أبنائي وهم في المدارس الابتدائية وآتيهم مرة أو مرتين في العامِ وكم أشعر بالأسى معهم، فأنَا أشعر بأنني ضَيف ثقيل فأوقات نومهم غير أوقات نومِي ولا يُحبون ما أحبه من الطعام، بل إذا تناقشت مع واحد منهم أجد التَفاهة والسطحية وعدم التأدب في الحوار فيتركني ابني بمجرد الحديث عن العلم، وينظر إلى ابني الآخر نظرةَ مُتخلف إذا حَاولت أن أُوَجِهَهَ إلى أية قِيمة أو عادة من عَاداتنا الطيبة وكأنَّ التمدن والرقِي لا يتفق أبدًا مع الأدبِ والعلم والعادات الحَميدة وحَتى الصلاة، طبعًا للأسف أنظر لنفسِي وقد وَصلت إلى أعلى الدرجات العلمية في حينِ أن

أولادي يتدهورون علميًا وأخلاقيًا، بل والأكثر من ذلك أجد هوة كبيرة وبونًا شاسعًا بيني وبينهم، وطباعًا من المستحيل التوافق بينها فأجدني في النِهاية أسحب نفسِي مُسافرًا وكلي حسرة على أولادي وعلى زوجتي أيضًا التي جرفها التيار وجرفت أولادي مَعها ولا أدري مِاذا أفعل لنلتقي ولو في نقطةٍ واحدة لأستطيعَ إكمال المسيرة مَعهم؟!

***آثار سلبية**

فانحراف الأبناء نتيجة غياب الأبوين معًا مؤكد تمامًا، أمَّا انحراف الأبناء أو أحدهم نتيجة غِياب الأب فقط فهو مُحتمل احتمالاً كبيرًا خَاصة إذا كان الأبناءُ ذكورًا أو فيهم الذكور، فالطفلُ الصَّغير بحاجة إلى رعاية أبيه بصفة خاصة فهو يُقلده ويُحاكيه، ويُجيب عن أسئلته ويُمثل إليه المدخل الطبيعي لعالمه الذي يحلم بالانضمام إليه غير أن المشكلة تزداد تعقيدًا إذا كَان هَذا الابن في مرحلةِ البُلوغ والمراهقة، ففِي هذه المرحلة تحدث تغيرات جَوهرية في جسمِ الطفل وفي عقله وفي نَفسيته ووجود الأب بجواره عامل هام جدًا لامتصاص هذه التغيرات وتَهذيبها وتَقويمها، وإذا كانت الأم وَحدها ففي أحيان كثيرة لا تستطيع السيطرة على ابنها ولا تكون مُقنعة بالنسبة إليه، وقد يُعلن التمرد والعصيان عَليها وهَذا مَعناه ضَياع محق للطفل.

إن كثيراً مِن الأسَر عانت مُعاناة شديدة جَراء سفر الزُوج أو سِفر الزَوجين وترك الأبناء إمَا وحدهمَا أو في رعاية غيرهمَا، وتركهمَا وحدهمَا هو خِيانة للأمانة وعَدم إدراك للمسؤولية، فالخُطورة مُؤكدة تمامًا والانحراف لا جِدال فيه، خاصة أن الأبوين في هَذه الحَالة يُريدان تَعويض الأبناء فَيسبغان عليهم بالأموال والهدايا التي تَكون عاملاً حاسمًا ومُساعدًا على الانحراف الذي يَكون إما بالتدخين والإدمان وإما بتحويل الشَّقة إلى وكر للأعمال المنافية للقيم والآداب، ويَضيع الأبناءُ نتيجة طَمع وجهل الآباء.

وإذَا غابَ الزَوجان وتركَا الأبناء مع أحد حتى وإن كانَ جدهما فإن الخُطورة مُحتملة تمامًا ورُبما مُؤكدة فهناك فاصل زمني ونفسِي بين الجد والأبناء، والجد بطبيعته أكثر شَفقة وتلطفًا بالأبناء وقد يدَفعه ذلك إلى عدم السيطرة عليهم وضبط سُلوكياتهم ومتابعتهم.

أما في حالةِ سفر الزوج فقط وترك الأبناء مع الزوجة فيشترط أن يكون مع الزوجة أحد المحارم المخلصين، أو تكون مُقيمة مع الأسرة الكبيرة ووسائلُ مراقبةِ وضبطِ سلوك الأبناءِ متاحةٌ، وأنَّ تكون الضَرورة القَصوى هِي التي دَعت إلى سفرٍ الزوج وحدَه.

***الدور المفقود**

دور الأب في التنشئةِ ولكن في السَنوات الأخيرة بدأ الاهتمام بدورِ الأب وقد بدأت هذه الدراسات خِلال الحرب العالمية الثانية عندمَا ابتعد ملايين الآباء عن الأسرة والطِفل وبدأ الاهتمام بتأثير هذا الغِياب.

ومؤكدٌ أن للأب دورًا كبيرًا في الضبط الاجتماعي فهو رمز للسلطة والقوة والابن يُحاكي الأب في السُلوك ومن خلال الأب يتعلم الأبناء الكثير وتنضج خبرتهم ويتعرفون على الحياة.

وتأثير غياب الأب يعتمد على جنسٍ الطفل وعلى السن الذي حدث فيه الغياب، ولقد اتفق مُعظم علماء النفس والاجتماع على أن تأثير الأب يبدو أكثرَ وضوحًا في مرحلة الطفولة خُصوصًا مع الأولاد أكثر من البنات فالأولاد يتربون من خلال آباء أقوياء وعطوفين يُصبحون هم أنفسهم أكثرَ دفئًا وثقة بالنفسِ وقُدرة على القيادة من الأطفالِ الآخرين.

كما أثبتت الدِراسات أن غياب الأب يؤثر على الأبناء من النَاحية الجسمانية، والنفسية، والاجتماعية فيبدو الطفل أقل نشاطًا ويكون أكثر عُدوانية حينمَا يلعب مع أصدقائه ويتلفظ بألفاظٍ عنيفةٍ

كمَّا يؤثر غياب الأب في الضبطِ الاجتماعي داخل الأسرة والذي من شأنه أن يؤدي إلى فوضَى سريعة في الأسرة وعندئذ يفشل الأفراد في الاتفاق مع المجتمع.

وغِياب الأب لا يُؤثر فقط على الأبناء بل يؤثر أيضًا على الأم التي تفقد شريك حياتها وتقوم بدور مزدوج مما يضغط على سلوكها ويؤثر على تَنشئتها لأطفالها ولا تَستطيع الأم أبدًا تعويض دور الأب القيادي التربوي.

***عَوامل تُقلل من الآثار السلبية لغياب الأب:**

يتحمل الأب جزءًا كبيرًا في مُساعدة الأبناء على تنمية قدراتهم على التكيف النفسي في البيئة، وقد أثبتت الدراسات أنَّ غياب الأب– لأي سبب– يقود إلى الكثير من الاضطرابات السلوكية أو الجنوح خاصةً إذا استمر لمدة ستة أشهر أو أكثر، حيث وُجد أن ذلكَ يترك أثرًا سلبيًا على الأسرة بشكل عام وعلى الأبناء بشكل خاص، إلا أنَّ هذه النتائج ليست حتميةً مطلقةً وليست عامةً في كل الأحوال، ورُبما لا تنطبق على كل حالات الفقدان، فبعض الدِراسات لم تجد فروقًا بين الفاقدين وغير الفَاقدين لآبائهم في الابتكار ومُستوى الطُموح والقلق وتحقيق الذات والحَاجة إلى الإنجاز، ولم توجد فروقٌ بينهم في

القيم الاجتماعية والثِقة بالنفس، والاتجاه نحو الجماعة، والقدرات العقلية، والجِسمية والاتزان الانفعالي والعدوانية، والرِضا عن البيتِ والمدرسة والمستوى الاقتصادي، والاجتماعي ومَفهوم الذات، بل إن هناكَ دراسات أثبتت أن الأبناء الذين فقدوا آبائهم كَانوا أكثرَ رجولةً، واستقلاليةً، وأقل عدوانيةً من الذين يَعيشون مع آبائهم.

وعلى الرَّغم من أن ما أثبتته العديد من الدراسات ووضحته بالنسبة إلى الدورِ الكبير للأب في حياة الأسرة وتأثيرِه على السماتِ الشخصية للطفل إلا أن هناكَ عواملَ أُخر تؤثر بشكل إيجابي، فالتخفيف من الآثار السَلبية لغياب الأب لفترة طويلة أو فقدانه كليًا لأي سبب كان منها:

***ما تقوم به الأم من دور عقب فقدان الأب**

فعندما تكون الأم في حَالة تَوافق نفسي وتملك ذاتًا فعالة ولديها القدرة على استغلال قدراتها الذاتية والخَارجية وتستطيع القيام بدوري الأم والأب مع عَدم التعارض بينهما، فإنها تَستطيع التعامل مع مُشكلات رعاية الأسرة وتَجنبُ الأبناءَ الآثار السَلبية التي من الممكن أن تنجم نتيجة فقدان الأب.

أثبتت الدراسات التي أُجريت على أسر يغيب فيها الأب فترات طويلة أنَّ المجموعة المضطربة انفعاليًا تتميز بِوجود اضطراب انفعالي لدى الأم، وانتباه الأم لهذه المشكلة وحرصها على التغلب عليها سَيمكنها من المحافظة على توازن ونمو أبنائها.

مَوقف الأم المباشر من الأب الغائب له أثرٌ كبير في التَخفيف من آثار الغياب، فهناك دراسات وجدت أنه لم يكن هناكَ تأثير سلبي على الأبناء لغياب الأب لفترات طويلة ذلكَ؛ لأن الأمهات كن يصورن هؤلاء الآباء بِوصفه مثلاً يقتدي به بينما في الأسر المماثلة والتي لم تقم الأم فيها بمثل هَذا الدُّور وُجدَ أن الأبناءَ أقل نضجًا وتكيفًا مَع أقرانهم، والبَنات كُن أكثر اتكالية من قريناتهن

*وجود فرصة لربط الطِفل بأب بَديل من الكبار يخفف من الأثر النفسي لغياب الأب مثلاً عن طَريق ما يمكن أن يُقدمَه الأهلُ والأقاربُ مِن الذكور الكبار مثل الأعمام والأخوال ومن خلال انخراطه في فرق الكشافة، والفرق الرياضية، ودُور العِبادة ومَا يُمكن أن يقدمه المجتمع المحلي من دعم اجتماعي للطفل، كُل هؤلاء يمكن أن يكون لهم تأثير في التَخفيف من وطأة الآثار التي يتركها غياب الأب.

ما الذِي يُعين المسلم للخروج من الفتن (ما النجاة)؟

يجب على المؤمنِ أن يكثر من أعمال الخَير بشكل عام؛ ليعينه الله بذلك على الخروج من الفتن، وأن يبادر بتلك الأعمال استجابة لأمر النبي ﷺ حيث يَقول: «بادروا بالأعمال فتنا كقطع الليل المظلم يُصبح الرجل مؤمنًا ويُمسي كافرًا، أو يُمسي مُؤمنًا ويصبح كافرًا يبيع دينه بعرضٍ من الدنيا» [رواه مسلم]. ويقول النبي ﷺ: «العِبادة في الهرج -وفي رواية- في الفتنة كَهجرة إلى». [رواه مسلم] يعني بذلكَ أن لها مِيزة وفضل وأجر عظيم في أوقات الفتن، وأضَاف علي جمعة أن الحَافظ بن رجب رحمه الله يَقول معلقًا على هذا الحديث:

«وسَبب ذلكَ أن الناس في زمن الفِتن يتبعون أهواءَهم ولا يرجعون إلى دينٍ فيكون حَالهم شبيهًا بحالِ الجاهلية فإذَا انفرد مِن بينهم من يَتمسك بدينه ويَعبد ربه ويَتبع مراضيه، ويَجتنب مساخطه كان بمنزلة من هَاجر من بين أهل الجاهلية إلى رسول الله ﷺ مؤمنًا به، متبعًا لأوامره مجتنبًا لنواهيه وأشارَ إلى أن من أهم ما يعين المسلم على الخروجِ من تلكَ الفِتن كتاب الله عز وجل كمَا وَصفه بذلكَ الصادق المصدوق» فيما وردَ عنه أنه ﷺ قال: إنها سَتكون فتنة، قال: قلت فمَا المخرج؟ قالَ: كِتاب الله، فيه نبأ من قبلكم، وخِبر ما بعدكم، وحكم ما بينكم، هو الفصل ليس بالهزل، من تَركه من جبار قصمه

الله من ابتغَى الهدى (أو قال العلم) من غيره أضله، هو حبل الله المتِين، وهو الذكر الحكيم، وهو الصِّراط المستقيم، وهو الذي لا تزيغ به الأهواء، ولا تلتبس به الألسنة، ولا يُشبع منه العلماء، ولا يخلق عن كثرة الرد، ولا تنقضِي عجائبه، هو الذي تناهى الجن إذ سَمعته حتى قَالوا: «إنا سمعنا قرآنا عجبًا يهدي إلى الرشد من قال به صدق، ومن عمل به أجر، ومن حكم به عدل، ومن دَعى إليه هدي إلى صَراط مُستقيم» [رواه البيهقي في الشعب]. ذلكَ فيما يخص الفِتن التي تصيب الإنسان، أمَّا النوع الثانِي من الفتنِ، وهو اختلاط أهل الحق وأهل البَاطل فيصعب التمييز بينهم فقد أشار القرآن إلى هؤلاء المندسِين الذين يتسببِون فِي فتنة اِلمجتمع وأنهم لا يخفون عليه سِبحانِه فقال تعالى: قَدْ يَعْلَمُ ٱللَّه المعَوقينَ منكُمْ وَالْقَائلينَ لإخْوَانهمْ هَلُمَّ إلَيْنا وَلاَ يَأْتُونَ البَأْسَ إلاَّ قَليلًا.

وقد ذكر النبي ﷺ ذلكَ الزمان الذي يختلط فيه أهل الحَق بأهل الباطل، ويَظن الناس أن الكَاذب صادق، والصَادق كاذب حيثُ قالَ ﷺ: «يأتِي على الناس سَنوات خداعات، يَصدق فيها الكاذب، ويكذب فيها الصَادق، ويؤتمن فِيها الخائن، ويَخون فيها الأمين، ويَنطق فيهم الرويبضة.

قيل يا رسول الله ﷺ: وما الرويبضة؟ قال الرَجل التَافه يتكلم في أمرِ العامة» [أحمد وابن مَاجة والحاكم].

ويبدو أننا نعيش في تلك الحَالة الثقافية التي لم تستقر بَعد، ولم تتحدد مفاهيم كثيرة منها، والتِي خرج الرويبضة ليساهم فيها ويتكلم في الشأن العام، من التصدر للنصيحة حتى الطبية منها، إلى الإفتاء ولو بغير علم مع أنه لم يحفظ آية كاملة إلا في قِصار السور، إلى تولي المناصب العامة، إلى من يريدنا أن ننسلخ عَن أنفسنا وديننا وتاريخنا إلى من يريد إرهابًا فكريًا، إما هو وإما الجحيم، ثم جحيمه هي الجنة، وأن جنته هي الجحيم؛ لأنه دَجال من الدجاجلة، يقول رسول الله ﷺ في شأنِ الدجال: (يخرج الدجال مَعه نهر ونار، فمَن وقع في ناره وجب أجره وحط وزره، ومن وقع في نهره وجبَ وزره وحط أجره) [أخرجه أحمد وأبو داود]، والمخرج من ذلكَ كله هو الصبر والتأكيد على الحرية الملتزمة وترك الرويبضة يكتشفه الناس في تفاهته وفي هشاشة تفكيره، والاستمرار في بناء الإعلام الجَاد الملتزم الذي سوف يطرد الهش والغث والذي سِيجعل التافه يتعلم أو يَستحي أو يَتوارى أو يسير مَسار الجادين أو يُحاول حتى لو لم يصل إلى مستواهم.

غِياب التربية والمُراقبة في عصر السوشيال مِيديا

تربية الأبناء أصبحت من المهام الثقيلة جدًا والخطيرة في ظلِّ انتشار وسائل التَواصل الاجتماعي ذاتَ المعرفة غير المحدودة لكل شيء وفي ظل عدم قدرة الآباء والأمهات على مُواكبة التطور التكنولوجي الذي أصبح الأبناء بارعين فيه، فظهرت فَجوةٌ بين الآباء والأبناء وأصبحَ الأبناء يمسكون بالتليفون المحمول طوالِ الوَقت ولا يتركونه إلا عند النوم، ويكون أول شيء تتفتح عيونُهم عليه عند الاستيقاظ.

الخُبراء وجهوا بعض النَصائح للآباء والأمهات؛ للتعامل مع أبنائهم وتربيتهم تربية سَليمة حتى لا يفلت الزِمام ويصبح صاحب الكلمة الأولى على الأولاد هِي السوشيال ميديا بدلاً من الوالدين.

قالت د.سهير لطفي أستاذ علم الاجتماع بالمركزِ القومي للبحوث الاجتماعية والجنائية: أصبح ارتباط الأبناء بوسائلِ التواصل الاجتماعي ووسائل المعرفة والمعلومات مشكلة في كل بيت حيث تركَ الأب والأم أولادهما تحتَ رحمة هذه الوسائل التكنولوجية الحديثة التي تتميز بكثرةِ مصادرها وزيادة نوافذها المعرفية ويجد الآباء صعوبة في

التواصل مع هذا الجيل ولابدَّ أن يعِي الآباء خُطورة ما يتعرض له أبناؤهم مع مراقبة كل ما يَرونه حتى لا يقعوا فريسة سهلة لتلكَ المعلومات التي يمكن أن تكون ضد الأعراف والدين والتقاليد، وللأسف الشديد أصبحت السُوشيال ميديا قنبلة مَوقوتة تدمِّر كل أسس ومجهود البناء التربوي الصَحيح للأبناء فعلى الوالدين الموازنة الدقيقة بين إعطاء الحُرية لهم وبين تعلُّم كل ما هو جديد لمعرفة ما يفعلونه علي الموبايل على أن تكون كل حساباتهم الشخصية على التواصل الاجتماعي تحتَ أعين الأب والأم.

إذ أنَّ الصغار يتأثرون بالقدوةِ الحَسنة ويُحاولون تقليده بالسلوكِ والأفعال فلابدَّ أن يتم تقييم سلوك الطفل ومنحه الاهتمام، والحب وضَرورة أن يمدحه الآباء؛ لتحقيقَ الانضباط النَفسي وتَعزيز سلوكهم، بالإضافة إلى ضرورة الابتعاد عن استخدام العُنف في التعاملِ مع الطفل واستخدام مَبدأ العقاب لفترة أو حرمانه مِن أي لعبة يُفضلها وأن يتم مَدح الطفل عن طريقِ الثناء عليه عند قيامِه بسلوك حسن، وأشارَت إلى أنه ينبغي أن يترك الأبوان مِساحة لطفلهما لخوضَ تجاربه وحده وأن يتحمَل الطفل نتيجة تصرفاته سَواء أكانت جيدة أم لا مع الابتعاد عن أسلوب التوبيخ والعقاب، ويَجب على الأم القيام بتوقيعِ عُقوبات

بسيطة لتقويم سُلوكيات الطفل وأن يحرم من أي امتيازات يَحصل عليها مع الاحتفاظ بوسيلةِ الاحترام بين الأم والأب والطفل بالاضافة إلى أنه يَنبغي على الأمّ تَعليم الطفل مهارات جديدة مِما يُساعد على تقليل المشكلات السلوكية للطفل وحتى يتعلم ضَبط الانفعال والغضب، وضبط النَفس كمَا أنَّ الاحترام المتبادل بين الأبوين يَنعكس بشكلٍ كبيرٍ على نفسية الابن.

والملاحظ أنَّ الأطفال في سن صغيرة يَقعون تحت تأثير مَواقع التواصل الاجتماعي وتكنولوجيا المعلومات ويَنساقُون نحوَ صَداقات العالم الافتراضِي الألعاب الالكترونية التي تدمر العقول بدلاً مِن بناءِ صداقات حقيقية على أرضِ الوَاقع حيثُ أنه على الآباء القيام بدور مهم جدًا مع الطفل كَتكليفه بأي عمل وشغل أوقات فراغه حتى يشعر بقيمته وقدرته على المساهمة والانجاز وتنمية المهارات لديه والاهتمام بممارسة الرياضة فهي بديل ممتاز للألعاب الإلكترونية وتقوي عَضلات الطفل وتُنمي عقله بالإضافةِ إلى أنه عند وُصول الطفل مَرحلة المراهقة ينبغي تشجيعه على المشاركة فِي أي عمل تطوعي عن طريق النوادي أو مراكز الشباب.

أشارَت إلى أهمية قيام الآباء بإبعاد أجهزة الموبايل عن أماكن نومِهم؛ للتخفيف من النظر فيها طوال اليوم وقبل وبعد النوم مباشرة بالإضَافة إلى عَدم الاعتماد على الهاتف بشكلٍ كلي وإبعاده عن الجَلسات العائلية حيثُ إن الطفل من عمرِ سنة حتى ١٢ سنه ينبغي أن يكون معتدلاً فِي استخدام السُوشيال ميديا بالإضافة إلى أنه ينبغي مُراقبة الأطفال مع الانترنت عن طريقِ إدخال شيء نافع في برنامجهم اليومي ووضع خطة؛ لاستخدام وسائل التواصل الاجتماعي حتى يخلق علاقات جيدة مَع ابنه حيث إن الاتفاق على أوقات مُعينة للجلوس على مَواقع التواصل الاجتماعي يُخفف من حِدة سَيطرة وسائل التكنولوجيا على عقل الطِفل إذا أرَدنا أن نُرسخ مفهوم القيم الدينية فإنَّ هناكَ بعض الإرشادات ينبغي أن تسير عليها الأسرة وهي ضَرورة إدراك مَخاطر السُوشيال مِيديا على الصغار والتأثير السَلبي على شَخصيتِهم وحياتهم في المستقبل وضَرورة عدم استسهال الأم وإعطاء الطِفل الهَاتف حتى ينشغل به عَنها أو يكُّف عن البكاء فهذا يعتبر دواء ضَار للطفل وعَواقبه ستكون وخيمةً فيما بعد، كمَا أنَّ أوقات الفراغ للطفل إذا لم يتم استغلالها بشكلٍ جيد يخلق من أبنائنا أطفالاً ليسَ لديهم مَهارات إبداعية أو طُموح فعلى الأم الاستماع جيدًا

للطفل وهُو يتحدث وأن نُساعده على الشُعور بأنَّه شَخصية ذاتَ قيمة وأن يبني الثقة والمِصداقية بينه وبين الآباء ويزيد من حبِّه وتَعلقه بهم ويستطيع أن يُعبر عن نفسه أمام الآخرين ويُنمي لدِيه الشُعور بالمسئولية وأن يقوم الأم والأب بمهمة صعبة تجاه أبنائهم أولاً لحمايتِهم من مَخاطر السُوشيال ميديا وثانيًا؛ ليعلموهم مُواجهة الحَياة وصُعوبتها فلابدَّ أن نعلم أن هذا عِبء كَبير يَقع على الوالدينِ ولكن غرس القيم الدينية في قلبٍ وعقل الطفل منذُ نشأته ومَعرفته بِالأصول والتقاليد أمور مُهمة في هَذا الزمن الصَعب.

نصائح ذهبية

أعطت د.رشا الجندي استشاري العلاقات الأسرية والاجتماعية وتربية الأبناء نَصائح ذهبية للتربية الصَحيحة حَسب الفئة العمرية لكل طفل فمثلاً الطِفل الرَضيع الذي لا يَتعدى عمره عامين يجب أن نستخدم معه لغة إيجابية في التعاملِ؛ لتوجيهه بشكلٍ لا يُؤثر على نفسيته وعدم الصراخ في وجهه والتَّحدث إليه بهدوءٍ وتعليمه أساسيات كل شيء حسب عمره.

أمَّا الطفل حديث المشي والذي يبدأ عمره من عامين فيجب أن تنتبه إليه الأم جيدًا وتراقب سلوكياته وتوجيهه وتعريفه الصواب والخطأ كمَا أن استخدام أسلوب المدح يؤثر بشكلٍ إيجابِي على شخصيته ولَكن ذلكَ إذا كانَ يَستحق المدح فعلاً بالإضافة إلى مُساعدتِه في إتقان مَهارات جديدة كالتلوين أو الرَّسم واللعب بالصِلصال أو قراءة وحِفظ القرآن الكريم وتعريفه بأصول دينه وتوصيلها له بشكل مبسط للتقليل من نوباتِ الغضب في هذه المرحلة العمرية والتقليل أيضًا من الصِراعات بين الأشقاء وعدم الانحياز لأي طرف من أجلِ حل المشكلة، أمَّا الطفل قبل دخول المدرسة فيحتاج

إلي إعطاء توجيهات خطوة بخطوة وتَعليم الطفل التعامل مع المشاعر السلبية بصورة ايجابيه في هذا العمر.

سن المراهقة: الابن في سنِّ المراهقة يحتاج إلى أمورٍ أخرى في التعامل معه فينبغي أن يحرص الوالدان على الاستمرار في إظهارِ الكثير من المودة والتقرب إليه وتخصيص وقت يومي للتحدث معه والتعرف على أرائه وطموحاته، والعلاقات الإنسانية، واحترام الآخر.

أضافت أن تربية الأبناء دونَ عنف له أهمية كبرى في تنمية شخصية الطفل إلى جانب تقديم جرعة عاطفية ونفسية له من أجلِ استكمال نموه النفسي والاجتماعي مِما يساعده على الاندماج والتَعايش مَع الواقع بسعادةٍ ورضا حيث أن التربية الصحيحة تؤدي إلى الانضباط والتهذيب الذَاتي للطفل، وتعوده على تنفيذ الأوامر بصدرٍ رحبٍ بدلاً من اتباع أسلوب العُنف الذي يعطي نتائج عكسية، فالطفل العدواني يتسبب في إيذاء نفسه والآخرين وخلق الخَوف بداخله نتيجة لإستخدام العُنف معه الإشباع العاطفي.

قالَ د.جمال فرويز استشاري الطب النفسي بجامعةِ القاهرة إن وجود التواصل الاجتماعي مع الأبناء وخلق لغة حوار وتفاهم معهم يجعلهم يواجهون مُشكلاتهم بسهولة، فنحنُ كمجتمع شرقي للأسف

نُهمل التواصل مع الأبناء ولا نشبعهم عاطفيًا مَما يجعل الطفل ينفلت منا ويلجأ إلى مُشاهدة مواقع التواصل والانشغال بِها والاستجابة لها في كل شيء دونَ وعي وهذا يعد كارثة حقيقية فالآباء تركوا أبناءهم فريسة سهلة لهذه المواقع دونَ مُراقبة.

أضافَ: لا ينبغي أن نمنعُ السُوشيال ميديا عنهم ولَكن المراقبة الجيدة أمر ضروري مع إعطائهم الثقة بالنفسِ وتدعيمهم فِي اختيار أصدقائهم الاختيار السَليم وبالتالي يتولد في داخلِ كل ابن أو ابنة ثقة كبيرة بالنفس بالإضافة إلى عدم التقليل من أفكارهم وعدم مقارنتهم بأحدٍ وعدم استسلام الآباء والأمهات لسيطرة السوشيال ميديا على أفكار الأبناء ولِلمزيد انظر (تربية الأبناء فكري عصري). للمؤلف د.يوسف كيوان

الرفاهية الزائدة

إن مما ينشده الجميع التكامل في شؤون الحياة ولو كان نسبيًا، لكن هذا التَكامل يختلف من شخص لآخر مِما يجعل الناس فيه أصنافًا عدة حسب عرفهم وفهمهم وميزانياتهم ولا جُناح أن يسعى الإنسان إلى التكامل المعقول والممكن حسب حالته المادية لا إفراط ولا تفريط، لكن فئة من الناس قد تَكثر وقد تقل زعمت أن التكامل يكون بالرفاهية المفرطة والإسراف المذموم ولو كان على حسب ديون تكهل عواتقهم، حديثي في تلك الحلقة لهذه الأسر التي زَعمت هذا الزعم وسلكت هذا المسلك وأيضًا ادعت أنه ممدوح ولَكنها نسيت أو تناست ما وراء الأكمة من المضار والسلبيات في الدنيا والآخرة وعلى الأولاد وأحفادهم إن هم اعتادوا ذلك الطبع.

1- لو ألقَينا نظرةً سريعة على حالِ السابقين من الآباء والأجداد، وكيفَ كانت معيشتهم وحالهم لرَأينا من قلة المآكل والمطاعم والألبسة والأثاث ما يكون عبرةً لأجيالنا المباركة وأسرنا الكريمة، فليس غَريبًا أن يطوي أحدهم ليلته ويومه لم يطعم وليس غريبًا أن تكون الثِياب مرقعة والبيوت ضَيقة إلى غير ذلك مما يطول وصفه، ولو أن أحدنا جلسَ مع أحد كبار السن لسمع العجب وهذا يعطينا دروسًا عظيمة أن

الأيام والليالي حبلى فكما كانت ضيقةً عليهم، واتسعت علينا فقد تضيق علينا وتتسع لغيرنا وذَلك كله بتقديرِ الله تبارك وتعالى، فلنأخذ الدروس والعِبر ممن هم حولنا ومن كَانوا قبلنا فلا نَبطر ونسرف وننس العواقب الجَماعية والفردية، فالجزاء من جنس العمل إنَّ الرَفاهية الزَائدة على المِعقول ليس لها حد تقف عنده بل قَد لا يَكون لها سقف قريب، فِهي تتجدد بِصاحبها في شتى شُؤونه وفِي عموم أحواله ثُم يَتساءل بعد ذلك أينَ ذَهب المال؟ وكيف ضَاقت الأوقات؟ ولَم يعلم هذا وأمثاله أنه هو من ضيع الجهد والمال والوقت بشَيء قد لا يكون من النوافل، نَاهيك أن يكون من الحَاجيات الملِحة وليعلم هؤلاء الكِرام أن الإسراف مَذموم وأن عاقبته في الدِين والدنيا مشينة وهُو عمل يبغضه الله قالَ الله تَبارك وتعالى: ﴿وَلَا تُسْرِفُوٓاْ إِنهُ لَا يُحب المسْرفينَ﴾.
[الأنعام: ١٤١].

2- إذا اعتَاد الأولاد تلكَ الرفَاهية الزائدة ونشأوا عَليها فلها عليهم آثار سَلبية من قلة العطاء والعمل وقِلة بذل المَجهود في تحصيل المِصالح وعدم الصبر حيثُ كانوا في رفاهيةِ مِن أمرِهم فلم يتحملوا أن تنزل أحوالهم إلى ما دُونها في عمومِ أحوالهم وشؤونهم وأيضًا كل مَجهود هُو متعبٌ لهم وقَد تَجد الخدم عن أيمانِهم وشمائلهم، فإذِا حَصلت مُوجة

ضيق عليهم ضَاقت عليهم الأرض بِما رحبت، حيث لم يَعتادوا تلكَ الحال ويُقال لهؤلاء ونَحوهم اخشوشنوا فإنَّ النِعم لا تدوم.

3- عندَ تأثيث مَنزلكَ العامر ابدأ بالأصُول والحاجيات المهمة، واترك النَوافل إلى وقتها المناسب ولا تستغرق فيها فنفسك أولى من بيتكَ وذمتك أدرأُ عليكَ من رفاهيتك، ثم ماذا إذا أثثت بالدقيق والجليل، والكبير، والصغير على حساب كاهلكَ بالديون والقُروض فتركُكَ للنوافل المعقولة إلى وقتها أولى عقلاً وشرعًا من هموم الليل وذلِّ النهار بالدين والقرض.

4-إن التسابق المذموم في الترفِ الزَّائد في المركوب والمسكن، والملبس، والمأكل، والمشرب، والإسراف في ذلكَ لا شك أنَّ هذا منشؤه الجهل وعدم بعد النظر وقلة الإدراك، وأهمس في أذان هؤلاء وأمثالهم بأنَّ المال له مخارج أخرَوية وهي الباقية أما ما يصرف زائدًا على الحاجة زيادة مُلفتة فهو فانٍ وسيحصلُ عليه السؤال يوم القيامة من أينَ اكتسبه وفيم أنفقه.

5- المناسبات العائلية مَملوءة أحيانًا بالزيادات الملفتة في المأكولاتِ الأساسية وغيرها ثم يتم التَّخلص مما بقي منها عند البعض هداهم الله بطريقةٍ غير لائقة شرعًا ولا عقلاً من حيث احترام النعمة وتقديرها،

فقد وَجدنا من وضعها في النفاياتِ العامة، وكَيف يهنأ هؤلاء بأكلهم وشربهم وهذا عملهم مع نعمة الله تبارك وتعالى، وقد وُجد في الواقع من الأثرياءِ ما افتقر ومن الناس من ابتلي بسبب تلكَ الأفعال المشينة، بل علينا أولاً الترشيد في الإعداد ثم ما بقي منه يتم التخلص منه عن طريق الأسر الفقيرة أو الجمعيات الخيرية أو العَمالة أو غيرهم مما يماثلهم، حتى إنَّ البعض يتخلص مما يصلح للاستهلاك الآدمي فيجعله للبهائم، وهذه طريقةٌ خاطئة فوضع الشَيء في موضِعه من الحكمة والعقل الرشيد.

6-في مجتمعنَا أسرٌ لم تَجد أصولاً في سَكنها ومآكلها وملبسها فياليتَ أصحاب الرفاهية الزائدة والإسراف المذموم يتأملون في حالِ هَؤلاء ويَتقربون إلى الله تعالى بِرعايتهم ولو نسبيًا بدلاً من تلك الرفاهية السلبية مما يعود عليهم بتوفيقٍ من الله تعالى لهم في صَلاح أمورهم وحياتهم وذُرياتهم، فالله تعالى قسَّم الأرزاق بين الخلائقِ، أفلا يَخشى هؤلاء أن يَكونوا يومًا ما كَأولئك؟ فَكما يُقال الدنيا دَوارة فقد تتغير الأحوال في يومٍ وليلةٍ.

7-الوقاية خيرٌ من العلاجِ، فالاقتصادُ في الحَاجيات مطلب كبير يجب أن يتربى عليه الأولاد فيتعلمون عمليًا كيف يكون الترشيد الصحيح

حتى ترشد أحوالهم ولهذا يَجب أن يتعلموا قَاعدة (أكلمَا اشتهيت اشتريت) فالإمساك والترشيد في عمومِ الحاجيات هو من مِخرجات العقل الراشد والتفكير السليم.

8-النُقطة التاسعة: إنَّ كل واحد منَّا مَسؤول عن مالِه سؤالين: من أينَ اكتسبه، وفيمَ أنفقه؟ فبِماذا يُجيب المسرفون والمترفون على الوجهِ المِذموم عن إنفاقهم المال في غيرِ وَجهه، فليُراجعوا حساباتهم مادامَ الأمر مُمكنًا قبلَ أن يُحول بَينهم وبين ذلكَ الإمكان مَا يَمنعهم مَنه، فليس وُجود المال فِي اليدِّ إذن بصرفه فيما لا يحل بل وهو ابتلاء وامتحان؛ لتظهر الحقيقة والنتيجة يومَ القِيامة ولنا درس وعِبرة فيمَن كانَ ثريًا يُشار إليه بِالبنان ثم بدأ بعدَ وقتٍ ليسَ بالطَويل يَتلقَف زكاة النَاس وأوساخ أمَوالهم حَيثُ كانَ سَبيلهم الإسراف والترفه المِذموم، نسألُ الله تعالى لنا ولَهم العَافية.

9-النُقطة العَاشِرة: إياكَ ثُم إياكَ والدُّيون مُقابل بعضَ الحَاجيات غَير اللازمة فَبقاؤك بَريء الذِّمة إلى أجلٍ مُسمى خير وأبقَى مِن تقلبكَ على رفاهيةٍ لست بمضطرٍ إليها، فاجعل أعمالكَ الصَادرة حَسب مِيزانيتك الواردة مَا أمكنكَ ذلكَ فهو خيرٌ لكَ، أمَّا ما اضطررت إليه فلا جُناح غيرَ أنَّ تَقدير الضُرورة والحَاجة يَحتاج إلى عقلٍ بصير ورشيد،

أمَّا ما يُشاهد فِي بعضِ وقائع الواقع المعاصر فهو قروضٌ وديون على حاجيات هي أحيانًا من أدنى النوافل ناهيكَ عَن أن تَكون من الحَاجِيات أو الضَروريات وكلٌّ هَذا عَلى اعتبار أنه سَيسدد هَذا القَرض وتلكَ الدُيون ولكن هل يَضمن سُلوك الحَال كَما هِي الآن، ومَاذا لو طَافت عليه آفة بقدرِ الله فاجتمعت عليه الهُموم والدُيون فتمنى حَالته الأولى، فاحرص أخِي الكريم على معرفةِ مواقع قدميك فِي تصرفاتِك وأدرك حجمكَ المالي والنفسي في مُشترياتك ومُقتنياتك واعلم أن السَّلامة لا يُعادلها شيء، مَعاشر الآباء والأمهات الكِرام إنكم أنتم أمَام أولادكم مَدارس يتعلمون من خِلالكم التصرف السليم والواقع المفترض فلا تُخالِف أقوالكم أفعالكم وكونوا رَديفًا لأبنائكم في بِداية نشأتهم حَتى يَتعلموا مِنكم أن الرَفاهية لها حد مَحدود، فإذا زَادت انقَلبت وشَاركوهم فِي الأراء فِي تصرفاتِهم وكونوا مُبادرين ولو لم يَسألوا فقد يغيب عنهم السؤال، واعلمُوا أن ما يُضايقهم يُضايقكم، وأظهروا لَهم ذلكَ لتكتمل الآراء ويَستنير بَعضنا بالآخر ولِنعلم جميعًا أن الرَفاهية لا تَدوم؛ لأنَّها تَضاد الطباع السِليمة والفِطرة الصَحيحة فيأتِي عليها ما يُعكر المزاج فيها فَتضاف في حياضِ الخَسائر والضَياع.

عدم تحمل المسئولية

الحرية عندمَا يتحمّل المرء المسؤولية الكاملة عن حياته يصبح حرًا تمامًا، فيتمكّن من اتّخاذ القرارات في حياته والقيام بالأمور التي يرغب بها أو عدم القيام بما لا يحبه، وسيتعلّم من أخطائه ويتحمّل عواقب أفعاله ويُشار إلى وجود عدة نتائج إيجابية تندرج تحت تحمّل المسؤولية، وهي الثقة بالنفس واحترام الذات: عندمَا يصبح الشخص مسؤولاً عن حياته وخياراته يدفعه ذلك؛ لأن يكون واثقًا من نفسه أكثر وتزيد قدرته على رسم مسار حياته بنفسه وشعوره بامتلاك مصيره وهو شعور رائع يُعطي قوة للإنسان.

التوقّف عن الخوفِ: بمجرّد اكتساب الشخص المزيد من الثقة تتقلّص الأفكار السلبية لديه ويتوقف عن الشعور المستمر بالخوف، سواءً كان الأمر خوفًا من الرفض، أم من الفشل، أم من حكم الآخرين عليه، التحكّم والسيطرة: يستطيع من يتحمّل مسؤولية حياته وقَراراته أن يكون القائد الأول لحياته، ويَستطيع التحكّم والسيطرة على الأحداث، واتّخاذ القرارات التي تخصّه دونَ تدخّل من أحد عدم إلقاء اللوم على الآخرين.

أهمية تحمل المسؤولية في القيادة يرتبط تحمّل المسؤوليّة بالقيادة بشكل مباشر، والقائد الناجح الذي اعتاد على تحمّل المسؤولية سيعمل على حلّ المشاكل والأمور الشائكة التي يواجهها، وسيستطيع حلّها بدلاً من التذمّر أو لوم الآخرين، حيث يجب أن يكون القائد جديًا للغاية في أوقات الأزمات والمشاكل في العمل، فكلّما كانَ الموقف أكثر صعوبة زادت المخاطر والمسؤوليات الملقاة على عاتقه، وهذا يتطلّب أن يتصرّف بطريقة غير قابلة للتفاوض في بعض الأحيان، كما يكون القائد الذي اعتاد على تحمّل المسؤولية مصدرًا قويًا للاعتمادية والقوة للشركة التي يعمل بها، والفريق الذي يقوده أيضًا، تحمل المسؤولية يؤدي للنجاح عندما يكون الشخص مسؤولاً عن نفسه، يكون مدركًا بأن ما يحصل في حياته هو نتيجة قراراته، وبالتالي سيصبح أكثر حذرًا وحرصًا عند اتّخاذه أيّ قرار، وسيكون حريصًا على أن تتوافق الأمُور التي يفعلها في حياته مع الأهداف التي يطمح لتحقيقها وسَيسعى إلى تلافي العواقب والأمور السلبية التي قد تؤدي للفشل أو إلى التراجع عن النجاح والوصول للأهداف قال النبي ﷺ (كلكم راعٍ وكلكم مسئول عن رعيته).

غياب القدوة الحسنة

إن موضوع القدوة من المواضيع المهمة جدًا في حياة البشرية، فالقدوة الحَسنة هي الركيزة في المجتمع، وهِي عامل التحول السريع الفعال، فالقدوة عُنصر مهم في كل مجتمع، فمهما كان أفراده صَالحين، فهم في أمَسِّ الحاجة للاقتداء بالنماذج الحية، كيفَ لا وقد أمر الله نبيه ﷺ بالاقتداء، فقال: أولئكَ الذين هدى الله فبهداهم اقتده قل لا أسألكم عليه أجرًا إن هو إلا ذكرى للعالمين (الأنعام: ٩٠).

وتشتد الحاجة إلى القدوة الحسنة كلما بعد الناس عن الالتزام بقيم الإسلام وأخلاقه وأحكامه، كما أن الله -عزَّ وجل- حذر من مخالفة القول الفعل الذي ينفي كون الإنسان قدوة بين الناس، فقال: يا أيها الذين آمنوا لم تقولون ما لا تفعلون، كبر مقتًا عند الله أن تقولوا ما لا تفعلون (الصف: ٢- ٣)

وقد عرفت القدوة بأنها: «إحداث تغيير في سلوك الفرد في الاتجاه المرغوب فيه، عن طريق القدوة الصالحة، وذلك بأن يتخذ شخصًا أو أكثر يتحقق فيهم الصلاح؛ ليتشبه به ويُصبح ما يطلب من السلوكِ المِثالي أمرًا واقعيًا ممكن التطبيق.»

ودين الإسلام دين القدوة، وأصحاب الهِمم العالية هم الذين يسعون ليكونوا قُدوة حسنة، وأعظم قدوة في الإسلام هم الأنبياء ﷺ وعلى رأسهم نبينا محمد ﷺ ولذلكَ جعله الله لنا أسوة وقدوة، بل وأمرنا بذلك، فقال: (لقد كان لكم في رسول الله أسوة حَسنة لمن كان يرجو الله واليوم الآخر وذكر الله كثيرًا. (الأحزاب: ٢١).

يقول ابن عاشور في تفسير هذه الآية: في الآية دَلالة على فضل الاقتداء بالنبي ﷺ وأنه الأسوة الحسنة لا مَحالة" وقال ابن كثير: "هذه الآية أصل كبير في التأسي برسول الله ﷺ في أقواله وأفعاله وأحواله.»

قالَ -سبحانه وتعالى- في سورة الأنعام بعد أن ذكر ثمانية عشر نبيًا: أولئك الذين هدى الله فبهداهم اقتده (الأنعام: ٩٠).

وهَذا يدل على عظم أثر القدوة في تشكيل الشخصية الإنسانية، ويرجع هذا التأثير إلى عِدة أسباب ركز عليها الإسلام، منها:

١. إن في فطرة الإنسان ميلاً قويًا للاقتداء.

٢. إن المِثال الحي الذي يتحلَّى بجملة من الفضائلِ السلوكية، يعطي غيره قناعة بأن بلوغها من الأمورِ التي هي في مُتناول القُدرات الإنسانية، وشاهد الحال أقوى من شَاهد المقال.

٣. إن المِثال الحي المرتقي في درجات الكَمال السلوكي يثير في الأنفس الاستحسان والإعجاب.

فالقُدوة الحَسنة هي المحرك والدافع للإنسان للارتقاء بالذاتِ، فمن جعلَ له قدوة عَظيمة في صفاته فلابدَّ أن يتأسَّى به في كل صفاته، فالقدوة المؤثرة مثال حي للارتقاء في درجاتِ الكمال، فهو دائمًا يطلب الكمال ويطلب المعالي، فهو بذلك مُثار للإعجاب والتقليد من الناس؛ لأن التأثر بالأفعال والسلوك أبلغ وأكثر من التأثر بالكلامِ والأقوال، فقد كانت سيرة النبي ﷺ وحياته الواقعية - بكل ما فيها، من تجارب الإنسان، ومُحاولات الإنسان، وضعف الإنسان، وقوة الإنسان- مُختلطة بحقيقة الدعوة السماوية، مُرتقية بها خطوة خطوة، كما يبدو في سيرة أهله وأقرب الناس إليه، فكانت هي النموذج العملي للمُحاولة الناجحة يراها ويتأثر بها من يريد القدوة الميسرة، العملية الواقعية التي لا تعيش في هالات ولا في خيالات.

فالقُدوة لها دورٌ كبير في إعلاء الهِمم وإصلاح المسلمين، فمَن كان عالي الهِمة اقتدى به غيره، فأصلحَ نفسه وأصلحَ غيره.

المُغالاة في تكاليف الزواج

شرائع الإسلام مُؤسسة على اليسر ورفع الحرج يقول الله تعالى: يريد الله بِكم اليسر ولا يُريد بكم العسر ومِنها الزواج الذي تقوم عليه عمارة الأرض بتيسير تكاليف المهر وجهاز العروس وحفلات الأعراس، وفلسفة الإسلام في ذلك أن أي مَاديات ما هي إلا رمز وليس مقابلاً ماديًا للميثاقِ الغليظِ لمشروع إنساني أساسه مشاعر لا تقدر بمالٍ يختلف التعبير عنها من زمان إلى زمان ومن بيئة إلى بيئة ومن شخص إلى آخر حسب العُرف السائد شريطة ألا يُخالف الشرع، وحسب قدرة كل من العروسين تجنبًا لمشاكل المغالاة في تجهيز بيت الزوجية الناتجة عن مُوروثات اجتماعية خاطئة مازالت تتوارث فتتحمل الأسر ما لا تطيق ماديًا وما لا تتسع له بيوت الزوجية وإنما للتباهي والتفاخر في أمر يجب أن يكون مستورًا؛ لتفادي المقارنة مع الغير أو النظر إلى ما يملكه فتدب الخلافات الأسرية وتتراكم الدُيون ويتصدى لها غالبًا الأمهات فيحملن لقب غارمات وتتزايد أعدادهن ولا يَتعظن من الوقوع في الديون التى تدفع بهن خلف أسوار السجون فلا تكتمل

فرحة العروسين وتتكبد الدولة مبالغ باهظة للإفراج عنهن حفاظًا على الأسرة من التفكك.

تقول د. خديجة النبراوي أستاذ الاقتصاد الإسلامي: مُغالاة الأسر في تجهيز العروس عادة خاطئة لابد من مُواجهتها بشكلٍ فوري ومسئولية جَماعية لحماية الأمهات اللاتي يتباهين بجهاز الابنة وخاصة في الريفِ والمناطق الشعبية فتقترض؛ لتنتهي من تجهيزها وينتهي المشهد بأعباءٍ مِن الديون التي تقودها إلى حملِ لقب الغَارِمة لتنضم إلى قائمة الغَارمات اللاتي تتزايد أعدادهن خلف القُضبان تاركين أسرًا مُفككة ومدمرة، وثَقافة التباهي في تجهيز العروس لتقليد الغير والتفاخر عليهم يترتب عليها مُشكلات اقتصادية، واجتماعية، وقانونية تستمر سَنوات وتفسد الزيجات وتعوق التقدم بعد أن أصبح المجتمع استهلاكيًا أكثر منه إنتاجيًا، ويشترك في هذه المغالاة الفقير والغني وعند المقارنة بين مجتمعنا والمجتمعات الغربية نجد أن العالم الخارجي عملي لأقصى الحدود لا ينفق إلا فيما هو مفيد حتى ولو توفرت لديه الإمكانيات المادية للمزيد انظر كتابي (زهرات وثمرات -رسائل من وهناك) للمؤلف.

إن التيسير لإقامة أسرة جديدة يجلب البركة قال الرسول ﷺ: إن أعظم النكاح بركة أيسره مؤنه، وإن أعظم النساء بركة أيسرهن

مؤنه، وقُدوتنا الرسول ﷺ عندما جهز فاطمة رضي الله عنها في خميل قطيفة بيضاء وقربة ووسادة، وليس هناكَ خلاف في أن لكل زمان أعرافه المتداولة واحتياجاته الضرورية في الحياة ولكن باعتدال وعدم إفراط، وتطبيق الشَرع أمر ضروري إذا عادت شروط الزواج لما مضي على قدر استطاعة الزوج بعيدًا عن المطالب الخيالية التي تتخطى القدرات ولِذلك فإن الاتفاق بين الطرفين في بداية الارتباط وبيان إمكانيات كل منهما أمرٌ ضروري، أما مَا نراه من مُغالاة لا مبرر لها من سيارات مُكدسة بالأثاث والأجهزة تطوف الشوارع للتباهي بجهاز العروس الذِي لا تستوعبه شقة الزوجية ولا تُطيقه قدرة الأسر يعد من الهَراء والعَته، وليعلم كل مُتورط في هذا أنه يسير عكس روح الشرع في الزواج وما يقام على المنافسة والمباهاة تبتعد عنه المودة والرحمة، وتؤكد التجربة أن الأسرة التي تقوم على البساطة أسرة سعيدة؛ لاقتنائها ما هو ضَروري للعيش الكريم.

وقد يحتاج علاج هذا الموروث الخاطئ توعية مجتمعية تتضافر فيها جهود الإعلام والمنابر الدينية، والدراما التليفزيونية، ومُؤسسات المجتمع المدني لبيان آثاره المدمرة، وتذليل الصعوبات أمام المقبلين على الزواج بتخصيص قروض ميسرة وإقامة قاعات للأعراس بأسعارٍ رمزية

وتقديم الدعم؛ لتجهيز غير القادرين وحثُّ الأغنياء على إخراج زكاة أموالهم للفقراء منهم لشراء الضروريات وقُدوتنا في ذلكَ الرسول ﷺ الذى يُحثنا على الرفق بالزوج في تكاليف بناء أسرة جديدة لصون عفة الفتى والفتاة، وكان الصحابه رضوان الله عليهم مَهر زوجاتهم تعليمهن آيات من القرآنِ الكريم فيقول الرسول ﷺ لرجل أراد الزواج "زوجتكها على ما مَعك من القرآن"، وأن يسهل ولي الأمر لبناته الزواج إذا وجد الزوج الصَالح لقوله ﷺ: إذا جاءكم من ترضون دينه وخلقه فانكحوه إلا تفعلوا تكُن فتنة في الأرض وفساد كبير: وهذه نصيحة نبوية يجب أن تكون شعارًا لكل أسرة للتغلب على المشكلات الاجتماعية والنفسية وظاهرتي الغَارمات والعنوسة.

وصَايا اقتصادية إسلامية للبيت المسلم

الذي يتدبر القرآن والسنة المطهرة يَجدهما حَافلين بالوصَايا والنصائح بصفةٍ عامة؛ كَي يسعد المرء في الدارين -وهذه الوصَايا تجنب الإنسان المشكلات والمعاناة التي تعانيها البيوت التي ابتعدت عن الإسلام.

١- اقبل على الزواج مستعينًا بالله آخذًا بالأسباب في حُسن الاخِتيِار.

٢- لا تغالوا في المهور حتى تتحقق البركة ﴿وَآتُوا النسِّاءَ صَدُقَاتِهِنَّ نِحْلَةً﴾

٣- احرص على تبادل الهَدايا ذات المعنى -لا ذات القيمة- فإنها تذهب وحل الصدر.

٤- لا ترهق نفسك في تجهيز بيتك حيث قال ربنا ﴿لَا يُكَلِّفُ ٱللَّهُ نَفْسًا إِلا وُسْعَهَا﴾

٥- أقيموا أفراحكم في المساجد حيث البركة والاقتصاد - فالبيت الجديد أولى وأحق بهذا المال.

٦- قم بدعوةِ الناس فقيرهم وغنيهم إلى (الوليمة) ما استطعت إلى ذلكَ سبيلاً لقوله ﷺ (أولم ولو بشاة).

٧- احرص على الكَسب الحلال والإنفاق في موضعه.

٨- وازني أيتها الزوجة بين الكسب والإنفاق ولا تُحملي زوجكَ ما لا يُطيق قال ﷺ (قد أفلح من أسلَم ورُزِقَ كفافًا، وقَنعَه اُللهُ بما آتاه)

٩- تجنب الإنفاق في الترفيهات، والمظهريات، والالتزام بالضروريات فالحَاجيات ثم التحسينات.

١٠- ادخار الفِائض عن الحاجة أمر وجوبي كَوقاية لنوائب الدهر.

١١- أنفق على والديكَ عند حاجتهم فهو واجب دِيانة وقَضاء.

١٢- احرص على إعطاء القَرض الحسن للتفريج عن كربةِ المسلمين فإن ثوابه ثمانية عشر مثلا- وتجنب المعاملات الربوية.

١٣- أكثر من الدعاء والاستغفار؛ لأنهما من موجبات الرزق.

قال تعالى: ﴿فَقُلْتُ اسْتَغْفِرُوا رَبَّكُمْ إِنَّهُ كَانَ غَفَّارًا يُرْسِلِ السَّمَاءَ عَلَيْكُم مِّدْرَارًا وَيُمْدِدْكُم بِأَمْوَالٍ وَبَنِينَ وَيَجْعَلَّ لَكُمْ جَنَّاتٍ وَيَجْعَلَّ لَكُمْ أَنْهَارًا﴾.

١٤- أيتها الزوجة- الزمي بيتك ما استطعت إلى ذلكَ سبيلاً.

١٥- لا تَنسى حَق الفقير والمِسكين واليتيم (صدقة- زكاة) ولا سيما الأقربون أولى بالمعروف.

١٦- العَدل بين الأولاد؛ لتجنب الكراهية والبغضاء والحَسد بينهم.

١٧- الأخذ بمبدأ الوصية والتذكرة فيمَا بينكم والتواصِي بالحق والصبر.

١٨- أيها الرَاغبون فِي عِلاج المجتمع من أمراضه وآلامه وإنقاذه من بؤسه وشَقائه.

ألم يأن لنا نحن المسلمين أن نتقي الله في بيوتنا- وأزواجنا- وأولادنا.

﴿أَلَمْ يَأْنِ لِلَّذِينَ آمَنُوا أَن تَخْشَعَ قُلُوبُهُمْ لِذِكْرِ ٱللَّهِ وَمَا نَزَلَ مِنَ الحْقِّ﴾

[سورة الحديد الآية (١٦)]

﴿قَدْ جَاءَكُمْ رَسُولُنَا يُبَيِّنُ لَكُمْ كَثِيرًا مِّمَّا كُنتُمْ تُخْفُونَ مِنَ الْكِتَابِ وَيَعْفُو عَن كَثِيرٍ ۚ قَدْ جَاءَكُم مِّنَ اللَّهِ نُورٌ وَكِتَابٌ مُّبِينٌ﴾

[سورة المائدة الآية: (١٥)]

غِياب دورُ المؤسسات التعليمية

المؤسسة التعليمية جزء لا يتجزأ من حَياة المواطن اليوم، فهي أساسية في بناء شخصيته باعتبار أن الفرد في المجتمع يقضي جزءًا كبيرًا من وقته دَاخل المؤسسة التعليمية في بدايات حياته ونَشأته ولم تعد الأدوات الأخرى التي تبني خبرات هذا الفرد كمَا هي في السابق، وهي التي غالبًا ما تعتمد على توريث الآباء للأبناء المِهن والخبرات والمهارات، ومِن هُنا كان لزامًا على هذه المؤسسات أن تتحمل مسؤوليتها في تعويض هذا النقص وبناء المهارات للفرد باعتبار أنها ضرورة بالنسبة لهذا؛ ليجد فرصًا مناسبة مستقبلاً للعمل وبناء منظومة حياتية أكثر استقرارًا وذلكَ ينتج عنه زيادة في كفاءة الفرد وإنتاجيته وأنَّ يكون عضوًا فاعلاً وداعمًا لتنمية الوطن.

من المعلوم اليوم أن المعلومة أصبحت مُتاحة بشكلٍ واسعٍ أكثر من ذي قبل فكتابة سؤال في موقع البحث جوجل يمكن أن يقدم لك نتائج تفوق التوقعات دون مقارنة بما يمكن أن يقدمه المعلم، ولهذا لم يعد التعليم في هذا الزمن بالطرق المعتادة في السابق كافيًا للطالب، إذ إن مصدر المعلومة أصبح متعددًا ومتنوعًا والمحتوى الإلكتروني أو فضاء

الإنترنت أصبح يزخر بكمٍ هائل من المعلومات، ومن هنا تأتي أهمية تقديم المؤسسة التعليمية ما يضيف للطالب، ويمكن أن يستفيد منه في حياته ويَجعل له ميزة نوعية في مساره المِهني مستقبلاً، ومن هُنا لابدَّ أن تبدأ المؤسسات التعليمية بالعناية بالجانب المهاري بصورةٍ أكبر من خلال مَجموعة من البرامج التي تُمَكّن المتعلم في أي مَرحلة من أن يكون مؤهلاً لسوق العمل، كما أنه من المهم العناية بالمهارات الأساسية؛ لإدارة شؤون حياته بصورةٍ جيدةٍ في مختلف مَناحي الحياة.

بطبيعة الحال فإنه من غير الممكن أن يتعلم الفَرد كل شيء في مراحلِ التعليم الأولى أو حتى الجَامعية ولَكن لا يمكن أن نتجاهل احتياجاته، وذلكَ من خلال استقصَاء ما يمكن أن يواجهه الفرد في حياتهِ ويَحتاج فيها إلى مَهارات؛ لاتخاذ القرار المناسب فمِن أهم الأمور التي يمكن أن يُواجهها الطالب في حياته اختيار المَجال الذي سيعيشه بقية عمره، فاختيار التخَصص الذي يجد الطالب أنه يتناسب مع إمكاناتِه وطموحه مِن الأمور المهمة التي تزيد من فرصِ نجاح الطالب عمليًا، كما أن من المهارات المهمة تهيئة الطالب إلى سوقِ العمل، إذ إن المعرفة قد لا تكون كافيةً في كثيرٍ مِن القطاعات إذ تعمد مجموعة منها إلى بناء برامج لتطوير مهارات الخريجين، بل إعادة تأهيلهم وذلكَ

بناء على قناعة من قبل جهات التَوظيف أن المؤسسات التعليمية لا تقدم المهارات اللازمة والكافية لطلابها للالتحاق بسوق العمل.

كَما أن المهارات هنا لا تقف عند مسألة بناء قدرات الطالب في مجال ما، بل من الأهمية بمكان بناء قدرات الطالب في إبراز مَهاراته وإظهار قدراته في تقديم إضافة إلى قطاعِ العَمل الذي يتطلع إلى الالتحاق به، فبناءُ السيرةِ الذاتيةِ وإبراز المهارات في المقابلات الشَخصية وعِند التعامل مَع مديريهم في العمل أقل من إمكاناتهم الفعلية وهَذا ما تتميز به القوى العاملة الأجنبية التي تعد أقل تأهيلاً لكنها تُوحي بقدراتٍ عاليةٍ تفوق إمكاناتها الفعلية، وهَذا ما يُفسر نجاح بعضهم في مُمارسة مِهن غير متخصص بها، لكن مهارات الإقناع لديهم مكنتهم من تبوء وَظائف ليسُوا مُؤهلين لها.

من المهاراتِ المهمة للمواطن القدرة على إدارةِ شؤون حياته فقد يتمكن من اختيار التخصص المناسب والوظيفة الجيدة، ولكن يجد مُعاناة كبيرة في تملك منزل على سبيل المِثال فمن الأهمية بناء مَهارات الفرد في القُدرةِ على الادخار والاستثمار وإدارة شؤونه المالية بما يُمكنه من الحُصول على مَنزلٍ مُناسبٍ وحياةٍ أسرية مستقرة ماليًا.

فالخُلاصة أن بناء المهارات تحد كبير للمؤسسات التعليمية، فبناء المهارات ليسَ بالأمر اليسير خلافًا لمسألة توفير المعلومات التِي أصبحت اليوم أكثر سهولة عطفًا على المصادر المتنوعة خصوصًا المحتوى الافتراضي، ومن هنا تأتي أهمية دَراسة كل ما يمكن أن يواجهه ويحتاج إليه المواطن في حياته والعمل على إعداد برامج مناسبة تهيئ له فرصًا أفضل؛ لإدَارة شؤون حياته بصورة جيدة سواء كان ذلك في اختيار مَجال العمل أو إدارة أموره المالية أو التفاعل بإيجابية مع النظام العام في هذا الوطن.

كثرة الفتن وزيادة معدل الجريمة

في كتاب الله وسنة رسوله الأكرم مَنهج كامل ينظم علاقة الإنسان بِخالقه من اعتقاد وعبادة، وتنظيم علاقات الناس فيما بينهم في كل مناحِي الحياة ولو أن الناس سَاروا على هُدى شَريعتهم فَيها لكَانوا مُجتمعًا مثاليّا، لا ظالمٌ فيه ولا مَظلوم، ولحلّ الود والأمن والسلام محل الكراهيّة والإرهاب، لكن طبيعة البشر تَجنح جراء حب النفس؛ للتملك والسيطرة، والتعالي إلى المخالفة، فتتعارض المصالح وترتكب الجِنايات بكل أنواعها، وقد تكون في حقِّ الخالق جلَّ وعلا كَفساد الاعتقاد وارتكاب جَرائم الحُدود، وقَد تكون في حق البشر كالقتل؛ ولذا كان مِن الضروري لتكامل المنهج الإسلامي تضمنه باب العقوبات على الجرائم، والعقوبات هي محل عناية واهتمام أيضًا في القوانين الوضعية بداية من المخالفات الموجبة لغرامات ماليّة أو حبس بسيط وانتهاء بالجنايات، التي قد تكون عقوباتها الإعدام، فإذا نظرنا نظرة عابرة في العقوبات الواردة في شريعتنا الإسلامية نراها تنقسم إلى قسمين: عقوبات محددة لجرائم بعينها لا يمكن للقاضِي أن يسقط منها شيئًا، وهذه العقوبات قليلة جدًا تنحصر في عقوبات الحدود وعُقوبات

القتل بأنواعه، غاية الأمر أن عقوبات القتل لأولياء الدم الحق في العفو عنها أو التنازل عن العقوبة الأكبر وقبول الأدنى، ففي القتل العمد يمكنهم العفو عن القصاص وقبول الديّة أو العفو مجانًا، وكذلك يمكنهم التصالح على البدل المادي فيقبلون أقل أو أكثر من الديّة المقدر بالتراضي بينهم وبين الجاني، أما عقوبات الحُدود فلا يقبل منهم عفو أو استبدال للعقوبة المقررة شرعًا؛ لأن الحق فيها خالص الله وليس للمجني عليه، سواء أكانت على نفس الجاني كشرب الخمر أم على طرف آخر كالسرقة.

(أما النوع الثاني) فهو عقوبات غير محدّدة تُسمى بالتعزيريّة أو التأديبّية وهي في المخالفات التي لم يرد لها عقوبات مُحددة في شريعتنا كإهانة الغير أو غَصب ماله أو إتلافه ونحو ذلك، وهذه تركها الشرع للقاضِي يجتهد فيها ويحكم بالعقوبة المناسبة للاعتداء والكافية لردعِ الفاعل حسب الزمان والمكان، وعقوبات التعزير يَجوز للقاضي زيادتها ونُقصانها ولصاحب الحق العفو عن الفاعل حتى بعد اختصامه عند القاضي؛ لأن الحق فيها للمعتدي عليه، والعقوبات التعزيرية أشبه بعقوبات القوانين الوضعيّة، من حيث قبولها للتعديل زيادة ونقصانا وقبولها للعفو لتناسب تغيَّر الأزمنة وثَقافات الناس، وتبقى العقوبات

الثابتة والمحددة مُتفردة في العقوبات الشرعيّة، حيث إنها مع ثباتها تناسب الأزمنة والأمكنة مَهما تغيّرت أحوال وثقافات الناس، وهذا إعجاز لا يمكن لحكماء التشريع الوضعي الإتيان بمثله.

ويُلاحظ أن عقوبات القوانين الوضعيّة من نوعٍ واحد، فهي عقوبات دنيويّة يقصد بها الزجر عن مُعاودة ارتكاب الجريمة إن لم تكن العقوبة إعدام الفاعل، أو زَجر الغير حينَ يعلم أن ارتكاب هذه الجريمة يوجب تلك العقوبة، بالإضافة إلى الانتصاف للمجني عليه أو أولياء الدم إن كان الاعتداء قتلاً، فإذا أفلت الجاني بجنايته المقدرة في القانون نتيجة عدم إثبات ارتكابه للجريمة، أصبح في عرف القانون بريئًا لا علاقة له بالجريمة، وقد يكون هو الفاعل في حقيقة الأمر؛ ولذا يمكن لكثيرين في ظل القوانين الوضعيّة الإفلات من العقاب، أما العُقوبات الشرعيّة فلا إمكان لمجرم من الإفلاتِ بجريمتِهِ؛ لأن للجانية عقوبة دنيويَّة وعقوبة أخرويَّة، ويلاحظ أن العقوبات الدنيويّة الواردة في الشريعة الإسلامية يمكن لكثير من المجرمين الإفلات من عقوباتها كما في القوانين الوضعيّة وربما أكثر، ليس لقصور في إمكانيّة الإثبات أو لثغرات يمكن أن يستغلها المحامون -حَاشا لله- ولكن؛ لأن إثبات هذه الجرائم أُحيط بضمانات مشددة كاشتراط عدالة الشهود

وعددهم، ويلاحظ أنه كلما زادَ قُبح الجريمة زادت ضَمانات إثباتها، فمثلاً تثبت جريمة القتل العمد بشهادةِ اثنين بينما يشترط لإثبات جريمة الزِنا أربعة؛ لأنَّ الزنا في حقيقته أكثر ضررًا من القتل مع أن قتل نفس واحدة كقتلِ البشريّة؛ لأنَّ شَرعنا نظرَ إلى الجريمة من زاويةٍ أخرى، وهي اختلاط الأنساب والمعرَّة لطرفِي الجريمة وأهلهما أجمعين، ويُلاحظ أن الشريعة مَنعت انتهاك حُرمات البيوت لضبطِ المخالفات الشرعيّة التى تُرتكب داخلها واعتبرت المقتحم أو المتلصص على أهلها معتديًا لأهل البيت الحق في رده ولو بالقوة، وذلك لتفعيل الرقابة الذاتيّة في نفوس المؤمنين، حيث يَجب أن يكون رَادعهم عن الجَريمة الخوف من الله المطلع عليهم وليس الخَوف من سلطانِ البِشر، وإمعانًا في حماية حريات الناس وعدم انتهاكها بِحجة ضِبط المخالفين، وهذه الضَوابط المشددة التي قد تُمكن الجَاني من الإفلات من إثبات الجناية عليه لعدم اكتمال الشهود مثلاً، كأنه مقصود في شريعتنا وكَأنها أرادت ألا يُعاقب بعقوبةِ الدنيا إلا من يَستحق التخفيف وهو الذى يُقر على نفسه بارتكاب الجريمة؛ لأنَّ عقوبات الدنيا وإن وصلت إلى قتل الجاني كما في زنا المحصَّن، حيث يرجم حَتى الموت أو الصَلب في جريمة الحرابة، الإرهاب، هي أخفُّ بكثيرٍ إذا ما قُورنت بعقوبة الآخرة، كما أن

العقوبات الدنيويّة على خفتها مقارنة بعقوبات الآخرة مُكفرة لإثم الجريمة، فلا يسأل عنها المعاقب في الآخرة وهذا يفسر حرص مُرتكبي الجرائم في عهد رسولنا على نيلِ عقوباتها الدنيويّة، كما فعل ماعز والغامديّة حين أقرَّ كل واحد منهما على نفسه بالزِنا ورفضَا التراجع عن إقرارِهما الذي يمكنهما من الإفلات من العقوبة الدنيويّة؛ لأن الرجوع عن الاعتراف مقبول، حيث لا مشكلة في سُقوط العقاب الدنيوي إذا لم يعترف على نفسه أصلاً أو اعترف ثم رجع عن اعترافه، حيث يفرُّ من السهلِ وهو عُقوبة الدنيا إلى الصعبِ وهو عقوبة الآخرة، فكأن الشَريعة في حقوقِ الله تخير الجاني بين عقوبة الدنيا وعقوبة الآخرة؛ ولذا استحب الستر على الفاعل وعدم الإبلاغ عنه من قبل الشهود؛ ليبقى إثباتها موقوفًا على إقرارِ الجَاني نفسه، إن أراد الاطمئنان إلى التخلص من الإثمِ في الدُنيا أو يتوب عنها وأمره على الله.

والشَريعةُ الإسلامية لا تعتمد في الأساسِ على العقوبات وحدها لضَبط سلوكيات الناس، بل هي في المرتبة الثانية إذ يتقدم عليها تَرسيخ ثقافة الوَاجبات والحُقوق من خلال منهجها المتكامل الذي جاءت به وتطبيق هذا المنهج يجنب الناس العقوبات التي جاءت

بها الشريعة حيث لا مُخالفة؛ ولذا فإن التذرع لفساد أخلاقيات كثير من الناس وارتكابهم للمحاذير التي تخضعهم للعقوبات بعدم تطبيق العقوبات الشرعيّة كالحدود في غير محله، وهو أشبه بتبرير التَحرش مثلاً بتبرجِ النساء، صحيح أن العقوبات ضروريَّة ومفيدة جدًا في استقامة الناس وبُعدهم عن ارتكاب المخالفات، وقد ورد في الأثر «إن الله يزع بالسلطان ما لا يزع بالقرآن»، ولكن غياب العقوبات لظروفٍ معينة لا يسوّغ أبدًا ارتكاب المخالفات وعَدم احتشام النساء لا يسوّغ التَّعرض لهن وعدم مُعاقبة المقصرين عن أداء الفرائض لا يسوغ تركها؛ لأن حكم الشرع في الحلال والحرام وما يترتب عليهما من عقاب وثواب معلوم، وينبغي أن يكون هذا هو المحدّد لاختيار الناس وسلوكياتهم وليس الخوف من العقاب الدنيوي الأخف والغفلة عن الأخروي الأشدّ وللمزيد انظر كتاب (العنف بين النتائج والأسباب) للمؤلف

الحكمة من نزول عيسى عليه السلام آخر الزمان.

السؤال: لماذا اختارَ الله إرسال عيسى إلى الأرض في آخر الزمان وليس النبي محمد، حيث إنّه هو الذِي نشر كلمة الإسلام إلى الناس؟

سوفَ ينزل عيسى عليه السلام آخر الزمان، متبعًا لشريعة النبي ﷺ وقد ذكر بعض أهل العلم أن من حكم ذلكَ النزول: إظهار دين الإسلام أخر الزَمان باتباع عيسى له.

وإظهار كذبُ اليهود والنصارى، وهُما الطَائفتان الكَبيرتان المخالفتان لأهلِ الإسلام، فحينَ ينزلُ يظهر صدقُ الإسلام ونبي الإسلام للعالم أجمع.

أولًا: ينزل عيسى ابن مريم صَلوات الله وسلامه عليه في آخر الزمان، كما قال سبحانه: ﴿وَإِنهُ لَعِلْمٌ لِلسَّاعَةِ فَلَا تمتَرُنَّ بِهِا وَاتَّبِعونِ هَذَا صِرَاطٌ مُّسْتَقِيمٌ وَلاَ يَصُدنَّ كُمُ الشيْطَانُ إنِهُ لَكُمٌّ عَدُو مُبِينٌ﴾ الزخرف/٦٢.

أي: وإنَّ ظهور عيسى علم يعلم به قرب قيام السَاعة أي: هو من أشراطها، ونزوله إلى الأرض دليل على فناء الدنيا وإقبال الآخرة.

وقد قال الله تعالى: ﴿وَإِنِ مِنْ أَهْلِ الْكتَابِ إِلا لَيُؤْمِننَّ بهِ قَبْلَ مَوْتهِ وَيَوْمَ الْقِيَامَةِ يَكُونُ عَلَيْهِمْ شَهِيدًا﴾ [النساء/ ١٥٩].

قَالَ ابْنُ جَرِيرٍ: وَأَوْلَى هَذِهِ الْأَقْوَالِ بِالصحَّةِ القولُ الأول، وَهُوَ أَنهُ لَا يَبْقَى أَحَدٌ مِنْ أَهْلِ الْكِتابِ بَعْدَ نُزُولِ عِيسَى، عَلَيْهِ السَّلَامُ، إلا آمَنَ بهِ قَبْلَ مَوْتهِ، أَيْ قَبْلَ مَوْتِ عِيسَى، عَلَيْهِ السَّلَامُ، وَلَا شَك أَن هَذَا الَّذِي قَالَهُ ابْنُ جَرِيرٍ، رَحِمَهُ ٱللَّه هُوَ الصَّحِيحُ؛ لِأَنَهُ المَقْصُودُ مِنْ سِيَاقِ الْآيَةِ فِي تَقْرِيرِ بُطْلَانِ مَا ادَّعَتْهُ الْيَهُودُ مِنْ قَتْلِ عِيسَى وَصَلْبِهِ، وَتَسْلِيمِ مَنْ سَلَّمَ لَهُمْ مِنَ النصَارَى الجَهَلَةِ ذَلكِ، فَأَخْبَرَ ٱللَّه أَنَّهُ لَمَ يَكُنِ الْأَمْرُ كَذَلكِ، وَإنمَا شُبهَ لَهَمْ فَقَتَلُوا الشبيهَ وَهُمْ لَا يَتَبَيَّنُونَ ذَلكِ، ثُمَّ إنهُ رَفَعَهُ إلِيْهِ، وَإِنهُ بَاقٍ حَيٌّ، وَإِنهُ سَيَنزِلُ قَبْلَ يَوْمِ الْقِيَامَةِ، كَمَا دَلَّتْ عَلَيْهِ الْأَحَادِيثُ المتواترة – فَيَقْتُلُ مَسِيحَ الضَّلَالَةِ، وَيَكْسِرُ الصَّلِيبَ، وَيَقْتُلُ الخِنزِيرَ، وَيَضَعُ الجِزْيَةَ -يَعْنِي: لَا يَقْبَلُهَا مِنْ أَحَدٍ مِنْ أَهْلِ الْأَدْيَانِ، بَلْ لَا يَقْبَلُ إلّا الإسلام أَوِ السَّيف -فَأَخْبَرَتْ هَذِهِ الْآيَةُ الْكَرِيمَةُ أَنْ يُؤْمِنَ بِهِ جَمِيعُ أَهْلِ الْكِتابِ حِينئَذٍ، وَلَا يَتَخَلفُ عَنِ التَّصدِيقِ بهِ وَاحِدٌ مِنهُمْ؛ وَلِهذَا قَالَ: وَإِنِ مِنْ أَهْلِ الْكِتَابِ إِلا ليؤُمِننَ بِه قبْلَ مَوْته أَيْ: قَبْلَ مَوْت عيسَى، الَّذي زَعَمَ الْيَهُودُ وَمَنْ وَافَقَهُمْ من النصَارَىَّ أَنهُ قُتلَ وَصُلب.

وَيوَمَ الْقيامَةِ يكَونُ عَلِيهمْ شَهِيدًا أَيْ: بِأعْمَالهمُ الَّتِي شَاهَدَهَا مِنهُمْ قَبْلَ رَفْعِهِ إلِى السمَاءِ وَبَعْدِ نُزُولهِ إلِىَ الْأَرْض هناكِ أحاديث متواترة عن

رسول الله ﷺ من رواية أبي هريرة، وابن مسعود، وعثمان بن أبي العاص، وأبي أمامة، والنواس بن سمعان، وعبد الله بن عمرو بن العاص، ومجمع بن جارية وأبي سريحة وحذيفة بن أسيد، رضي الله عنهم.

وفيها دلالة على صفة نزوله ومكانه، من أنه بالشام، بل بدمشق، عند المنارة الشرقية، وأنَّ ذلك يكون عند إقامة الصلاة للصبح وقد بنيت في هذه الأعصار، في سنة إحدى وأربعين وسبعمائة منارة للجامع الأموي بيضاء، من حجارة منحوتة، عوضًا عن المنارة التي هدمت بسبب الحريق المنسوب إلى صنيع النصارى - عليهم لعائن الله المتتابعة إلى يوم القيامة- وكان أكثر عمارتها من أموالهم، وقَويت الظنون أنها هي التي ينزل عليها المسيح عيسى ابن مريم، عليه السلام، فيقتل الخنزير، ويكسر الصليب، ويضع الجزية، فلا يقبل إلا الإسلام كما تقدم في الصَحيحين، وهذا إخبار من النبي ﷺ بذلك، وتقرير وتشريع وتسويغ له على ذلك في ذلك الزمان، حيث تنزاح عِللهم، وترتفع شبههم من أنفسهم؛ ولِهذا كلهم يدخلون في دين الإسلام متابعة لعيسى، عليه السلام وعلى يديه؛ ولهذا قال تعالى: وإن من أهل الكتاب إلا ليؤمنن به قبل موته ويوم القيامة يكون عليهم شهيدًا.

وهذه الآية كقوله تعالى وإنه لعلم للساعة [الزخرف:٦١] وقرئ: "علم" بالتحريك، أي إشارة ودليل على اقتراب الساعة وذلكَ؛ لأنه ينزل بعد خروج المسيح الدجال، فيقتله الله على يديه، كما ثبت في الصحيح: إن الله لم يخلق داءً إلا أنزل له شفاءِ ويبعث الله في أيامه يأجوج ومأجوج، فيهلكهم الله به ببركة دعائه، وقد قال تعالى: (حَتَّىٰ إِذَا فُتِحَتْ يَأْجُوجُ وَمَأْجُوجُ وَهُمْ مِنْ كُل حَدَبٍ يَنْسِلُونَ؛ وَاقْتَرَبَ الْوَعْدُ الحْق فَإِذِا هِيَ شَاخِصَةٌ أَبْصَارُ الَّذِينَ كَفَرُوا يَا وَيْلَنَا قَدْ كُنا فِي غَفْلَةٍ مِنْ هَٰذَا بَلْ كُنا ظَالمينَ) الآية [الأنبياء:٩٦،٩٧]، انتهى من تفسير ابن كثير. (٢/ ٤٦٤)

ثانيًا: لم يرد في شيء من نصوص الوحي، ما يدل على الحكمة من نزول عيسى عليه السلام في آخر الزمان، لكن تكلم بعض أهل العلم في حكمة ذلكَ نظرًا واجتهادًا.

قال ابن حجر رحمه الله: قال العلماء: الحكمة في نزول عيسى دون غيره من الأنبياء؛ الرد على اليهود في زعمهم أنهم قتلوه؛ فبين الله تعالى كذبهم وأنه الذي يقتلهم، أو نزوله لدِنو أجله؛ ليُدفَن في الأرض إذ ليسَ لمخلوق من التراب أن يموت في غيرها.

وقيل: إنه دعا الله لما رأى صفة محمد وأمته أن يجعله منهم فاستجاب الله دعاءَه وأبقاه حتى ينزل في آخر الزمان، مجددًا لأمر الإسلام فيوافق خروج الدجال فيقتله، انتهى فتح الباري: (٦/ ٤٩٣)

ويظهر أن في نزول عيسى عليه السلام آخر الزمان من الحكم والله أعلم بمراده من ذلك: أن يجعل من أسباب ظهور الإسلام، الذي هو دين الأنبياء جميعًا، ظهورًا كاملًا شاملًا على هذه الأرض أن ينزل عيسى ابن مريم، بعدما اختلف الناس فيه، وتحزَّبوا لأجله على أحزاب وطوائف؛ ليدل هؤلاء المختلفين على حقيقة أمره، ويفصل بينهم فيما اختلفوا فيه من شأنه فينصر المسلمين، ويقاتل اليهود، ويقتل زَعيمهم المسيح الدَّجال، ويلزم النصارى بالإسلام، ولا يقبل منهم جزية، ويبطل مقالتهم فيكسر الصليب ويَقتل الخِنزير وعيسى عليه السلام سينزل مُتبعًا لشَريعة محمد ﷺ.

والحاصل أن عيسى عليه السلام سوفَ ينزل آخر الزمان، مُتبعًا لشريعة النبي ﷺ.

الذي يعين المسلم على الخروج من الفتن (ما النَّجاة)؟

ومَعنى الفتنة في اللغةِ الابتلاء والاختبار والامتحان، وأما في الاصطلاح: «فالفتنة مَا يَعرض للعباد من بلايا ومِحن في أمورِ دينهم أو دنياهم فتظهر سرائرهم، وتنكشف حقائقهم».

وقد وردَت الأخبار عن وقوعِ فتن آخر الزمان وكثرتها وشدتها آخر الزمان، وإنَّ من رحمة الله بنِا أن أرسل إلينا نبيا كريمًا رؤوفًا رحيمًا حذرنا من كثرةِ الفتن وشدتها، كما في قوله ﷺ يتقارب الزمان، ويقبض العلم، وتَظهر الفتن، ويلقى الشح، ويَكثر الهرج قالوا: ومَا الهَرَج؟ قالَ: القتل متفقٌ عليه، وعن فتن آخر الزَمان قال ﷺ: «بادَروا بالأعمالِ فتنًا كقطع الليل المظلم، يُصبح الرَجل مؤمنًا ويمسي كافرًا، ويُمسي مؤمنًا ويصبح كافرًا يبيع دينه بعرضٍ من الدنيا قليل»[رواه مسلم].

ونظرًا لكثرة الفتن وشدة خطرها على العبد وما وردَ مِن النصوص المبينة لها المحذرة مِن الوقوع فيها أفردها العلماء بفصولٍ وأبوابٍ في كتبهم كأصحاب الصَحيح والسنن كما سبق، أما أحوال فتن آخر الزمان وأوصافها والتي حذّر منها النبي ﷺ؟ لقد جاء في

الأحاديث المتنوعة وصف الفتن بصفات كثيرة نظرًا لتنوعها واختلافها وأحوالها، فمما وصفت به الفتن ما يلي:

أولاً: وصفُ الفِتن بأنها كقطع الليل المظلم أي: أجزاء الليل كما في قوله ﷺ: «بادِروا بالأعمال فتنًا كقطع الليل المظلم» [رواه مسلم]، فشبهت الفتن في ظلُمتها ولبسها على العباد بقطعِ الليل المظلم.

ثانيًا: وقوع الفتن كرياحِ الصيف أي: في تتابعها، وسرعة مَجيئها، وتنوعها كمَا في حديث حُذيفة رضي الله عنه: عن النبي ﷺ أنه قال وهو يعد الفتن «منهن ثلاثٌ لا يكدنَّ يذرنَ شيئًا، ومنهن فتنٌ كرياح الصيف منها صغار ومنها كبار»[رواه مسلم].

ثالثًا: أنها يرقّق بعضها بعضًا، أي: تتعاظم الفِتن مع مرورِ الزمن حتى تكون الفتنة السَّابقة كأنها رَقيقة أي: هينة قليلة؛ لِشدة ما بعدها وهكذا الأمر بازدياد كما في قوله ﷺ: «إنه لم يكن نبيٌ قبلي إلا كان حقًا عليه أن يُدِل أمته على خير ما يَعلمه لهم».. الحديث [رواه مسلم]، وفيه: «وتجيء فتنة فيرقّق بعضها بعضًا، وتجيء الفِتنة فيقول المؤمن:

هذه مَهلكتي، ثم تنكشف وتجيء الفتنة فيقول المؤمن: هذه»

أي: هذه التي سَتهلكني.

رابعًا: أنها تَموج كموجِ البحر: كما ثبت في الحِديث أن عُمر رضي الله عنه قال: أيكم يحفظ قول رسول الله ﷺ في الفتنة؟ فقالَ حُذيفة: أنا أحفظ كما قال، قال: هات إنكَ لجريء قال: قال رسول الله ﷺ: «فتنة الرجل في أهله، وماله، وجاره تكَفرها الصلاة، والصدقة، والأمرِ بالمعروف، والنهي عن المنكر» قال عمر: ليست هذه ولكن التي تموج كموجِ البحر متفق عليه.

وقد شُبهت بذلكَ لشدة اضطرابها واضطراب الناس فيها، واختلال أحوالهم معها.

خامسًا: أنها تُعرض على قلوب العباد فتنة وشيئًا فشيئًا وتختلف فيها أحوال العباد تِجاهها، فمن تقبلها ضلَّ وهِلك، ومن ردَّها ونفاها اهتدى ونجا، كما في قوله ﷺ: «تُعرض الفتن على القلوب كالحصير عُودًا عودًا، فأي قلب أشربها نكت فيه نكته سوداء، وأي قلبٍ أنكرها نُكت فيه نكتة بيضاء حتى تصير على قلبين:

على أبيض مثل الصّفا، فلا تضره فتنة ما دامَت السَموات والأرض، والآخر أسود مربادًا، كالكوز مُجخيًا لا يعرف معروفًا، ولا ينكر منكرًا إلا ما أُشرب من هواه» الحديث متفق عليه.

أما أسبابُ الوقوع في الفتنِ حتى يجتنبها المسلم فينجو؟

أسباب الوقوع في الفتن كثيرة متنوعة، فمن أسباب الوقوع فيها:

١- الجهل: والجهل آفة عظيمة، وداء عضال، وهو مع الظلم أصل كل شر وبلية، كما قالَ تعالى:{وحملها الإنسان إنه كان ظلومًا جهولاً} الأحزاب:٧٢.

٢- والمراد به الجهل بالله وبدينه، وشرعه، وبنبيه ﷺ، وسيرته، وهديه، وعدم مَعرفة ذلكَ على الحقيقة، وعَدم فهم الدين كمَا فهمه السَّلف الصالح رُضوان الله عليهم أهل العلم والتقى والاستقامة على الصراطِ المستقيم، فمن لم يعرف الحق كيف يتبعه؟ ومَن لم يعلم السنن كيفَ يطبقها ويعمل بها؟

وكيفَ تكون له نية المتابعة وهو لا يعرف ما يتابع فيه؟ فالجاهلُ يسير على غير هدى ولا مِنهاج.

٣- الهَوى: فاتباع الهوى يهوي بصاحبه في نارِ جهنم إذ ليس له إمام يتبعه بحق بل يَتبع ما تهواه نفسه بدون ضابط والنفس أمارةٌ بالسوءَ إلا ما رحم ربي، قال تعالى (أفرأيت من اتخذ إلهه هواه وأضله الله على علم)، وقال سبحانه: إن يتبعون إلا الظَّن وما تهوى الأنفس ولقد جَاءهم من ربهم الهُدى النجم:٢٤.

٤- فالمؤمن متبع الهدى لا مُتبع الهوى، وقال تعالى: (وماهم به من علم إن يتبعون إلا الظن وإن الظن لا يغني من الحق شيئًا).

٥- التَشدد والتنطع في الدين: وذلكَ من أعظم أسباب الوقوع في البدَع والفتن، فالتشدد وتضييق الشَريعة الواسعة السمحة الميسرة يوقع صاحبه في الحرج والعسر، وهو مضادة للشريعة الحَقة، ومخالفة لها فقد قالَ أُلله تعالى (عنها وما جعل عليكم في الدين من حرج).[الحج: ٧٨]، وقال (يريد الله بكم اليسر ولا يريد بكم العسر)،[البقرة: ١٨٥] وقال (لا يُكلف الله نفسًا إلا وسعها)،[البقرة:٢٨٦]، وقال (لا يكلف الله نفسًا إلا ما آتاها)،[الطلاق:٧].

٦- وقال النبي ﷺ: «إنّ الدين يسرٌ، ولن يشادّ الدين أحدٌ إلا غلبه، فسددوا، وقاربوا، وأبشروا، واستعينوا بالغدوة والروحة، وشيء من الدلجة» (رواه البخاري).

وقال ﷺ:«يسّروا ولا تُعسروا، وبشروا ولا تُنفروا» متفق عليه.

وقال: «أرسلت بالحنيفية السَّمحة»(رواه الإمام أحمد وغيره)، والتنطع في الدين سبب للهلاك كما قال ﷺ: «هلكَ المتنطعون قالها ثلاثَا» رواه مسلم. فمِن التَشدد التَسرع في التَكفير والتفسيق والتبديع للمخالف دون بينةٍ ولا برهانٍ، ودونَ النظر في تحقق شروط الحكم،

وانتفاء موانعه، وكذا التَّسرع في تغيير المنكر ولو كَان في غير استطاعته، أو حدود مسؤوليته ولو ترتب عليه منكر أعظم منه؟!

وكذا المبالغة برفع بعض المستحبات إلى درجةِ الواجبات؟ أو بعض المكروهات إلى مقامِ المحرمات؟!

٧-كيد أعداء الله لهذه الأمة على اختلاف أصنافهم من يَهود ونصارى، ومنافقين، ومُرجفين، وأهل أهواء وغيرهم قال تعالى (ولن ترضى عنك اليهود ولا النصارى حتى تتبع ملتهم)، وقال سبحانه (ود كثيرٌ من أهل الكتاب لو يردونكم من بعد إيمانكم كفارًا حسدًا من عند أنفسهم)، وقال تعالى (وقالت طائفةٌ من أهل الكتاب آمنوا بالذي أنزل على الذين آمنوا وجه النهار وأكفروا آخره لعلهم يَرجعون * ولا تؤمنوا إلا لمن تبع دينكم).

فأهل الباطل يبغون للحق وأهله الغَوائل، ويَكيدون لهم المكائد ظاهرًا وباطنًا بالطعن في الدين والتَشكيك فيه وفِي مُعتقداته، وشرائعه، وأحكامه، وسنَّه، وبث الشبهات، والدعايات المضللة؛ ليصدوا المسلمين عن دينهم، ويُزينوا لهم الأديان الباطلة، والمذاهب الفاسدة، فهم أعوان إبليس الذي يدعو حزبه؛ ليكونوا من أصحابِ السعير.

٨- إذن ما أسباب النَجاة مما ذكرتم من فتن عظيمة؟ لقد تركنا نبينا ﷺ على المحجة البيضَاء، ليلها ونهارها سواء، لا يضل عَنها إلا هالك، وكان من بيانه لنا أن بيَّن لنا أسباب النَجاة والوَقاية من الفتن، فمِن أسباب النجَاة من الفتنَ ما يَلي:

أولاً: الاعتصام بالكتابِ والسنة، وفهمهما على ضوء فهم السلف الصالح، وذلكَ يعنى العلم بدين الله تعالى، والعمل بذلكَ العلم والتَّمسك به بعد فهمه على ضوء فهم السلف الصالح رضي الله عنهم، وذلك ليبقى الفهم منضبطًا صحيحًا، والمنهج قويمًا، والتمسك بالكتابِ والسنة النبوية هو أعظم أسباب العصمة والنجاة من الفتن، قال تعالى واعتصموا بحبلِ الله جميعًا ولا تفرقوا واذكروا نعمة الله عليكم إذْ كُنتم أعداءً فألف بين قُلوبكم فأصبحتم بنعمته إخوانًا وكنتم على شفا حُفرة من النارِ فَأنقذكم منها كذلكَ يُبين الله لَكم آيته لعلَكم تَهتدون [آل عمران: ١٠٣].

وقال فأمَّا الذين آمنوا بالله واعتصموا بِه فسيدخلهم في رحمة مِنه وفَضل ويهديهم إليه صراطًا مستقيمًا [النساء١٧٥].

وقالَ نبيه ﷺ: «تركتُ فيكم ما إن تَمسكتم به لن تهلكوا ولن تضِّلوا بعدي أبدا كتاب الله وسُنتي».

وقال: «إنَّ هذا القرآن طَرفه بيد الله، وطرفه بأيديكم، فتمَسكوا به فإنكم لن تَضلوا، ولن تَهلكوا بعده أبدًا»[رواه ابن حبان]، وصَححه الألباني.

ثانيًا: الأخذ عَن العلماء الربانين، المشهورين بالاتباع، والصَلاح والاستقامة، والرجوع إليهم، والأخذ عنهم، والالتفاف حَولهم وتوقيرهم، فقد أمرنا الله تعالى بذلك، فأمرنا بسؤالِ أهل العلم بالكتاب والسنة، فقال {فاسألوا أهل الذكر إن كنتم لا تعلمون}[النحل:٤٣]. وقال مؤدبًا لهم {وإذا جاءهم أمرٌ من الأمن أو الخَوف أذاعوا به ولو ردّوه إلى الرسول وإلى أولي الأمر منهم لعلمه الذين يستنبطونه منهم}،[النساء:٨٣].

وقوله ﷺ: «ليسَ منّا من لم يَرحم صغيرنًا، ويُوقِر كبيرنَا، ويعرف لعًالمنا حقه» (رواه أحمد وغيره). فالوَاجب الأخذ عن العلماء الرَاسخين في العلم، الذين يعظّمون السنة النبوية ويظهرونها، ويدعون إليها، ويحرصون على جمعِ الكلمة ولِمّ الشمل فطاعتهم سَداد، والأخذ عَنهم هدى ورشاد كمَا أمر الله تعالى بذلكَ فقال: (وأطيعوا الله وأطيعوا الرسول وأولي الأمر مِنكم)[النساء].

وأولوا الأمر على التحقيق هم: العلماء والأمراء كما نصَّ على هذا غير واحد من الصحابة وغيرهم، فالعلماء يلون أمر الدّين، والأمراء يلون أمر الدنيا، وبهذا تستقيم الأمور، وقد تقدم الحديث: «إنّ الله لا يقبض هذا العلم انتزاعًا ينتزعه من صُدور الناس، ولكنه يقبضه بقبضِ العلماء حتى إذا لم يبق عالمًا، اتخذ الناس رُؤوسًا جهالاً، فسئلوا فأفتوا بغير علم فضلوا وأضلوا».

ثالثًا: لزوم الجَماعة، وطاعة أولى الأمر فإنَّ الجماعة رحمة، والفِرقة عَذاب، ويد الله على الجَمَاعة، ومن شد شذ في النارِ، وإنما يأكل الذئب من الغنم القَاصية، ومن خرجَ على الطاعة وفارق الجَماعة فمَات، ماتَ ميتة جاهلية دلَّ على كل هذا أحاديث نبوية صحيحة عن المصطفى ﷺ، وفي الحديث أيضًا: «ثلاثٌ لا يغل»

عليهن قلب امرئ مسلم: إخلاصُ العمل الله، ومُناصحة أولياء الأمر، ولزوم جَماعة المسلمين، فإنَّ دعوتهم تُحيط من ورائِهم.

فهذه الثَلاث تُنقي القلب ولا يبقى فيه مع وجودها غشٌ ولا دغل فيه، فَيسلم من الفتن.

رابعًا: تقوى الله تعالى وطَاعته، فهِي مِن أعظم أسباب الوقَاية والنجاة من الفتن، كما قال ربنا تبارك تعالى: {ومن يتقِ الله يجعل له مخرجا} الطلاق وقال:

{ومِن يتقّ الله يَجعل له من أمره يسرًا} الطلاق وقال: {يأيها الذين آمنوا إن تتقوا الله يَجعل لكم فرقانا} الأنفال أي: بصيرة وقدرة على التفريق والتمييز بين الحَق والباطل، والخير، والشر، والهُدى، والضَلال. وفي حديث العرباض بن سارية رضي الله عنه: في وَصية رسول الله ﷺ للصحابة كان أول ما أوصاهم به التقوى، فقال: «أوصِيكم بتقوى الله، والسَمع والطَاعة».

فالتقوى أن يجعل العبد بينه وبين عَذاب الله وقاية باتباع أوامره، واجتناب نواهيه نسأل الله تعالى أن يَعصمنا جميعًا من الفتنِ ما ظهر مِنها وما بَطن، إنه سَميع مجيب.

كَيفية الثبات في زمن الفتن

نحنُ نعيش الآن واقعًا مليء بفتن لا يعلمُ بها إلا الله، فتن قتل وهَرج، فِتن فَضائيات وإعلام مُضلل، فِتن إنترنت وشَائعات وانفتاح على العالم، كلٌ يكتب ما يريد دونَ وازع من ضميرٍ يردعه إلا من رحم ربي، وغيرهَا الكَثير من الفتنِ التي نحتاجُ فيها عونَ الله تَعالى أن يُثبتنا ويبصرنا فيها بالحقِّ؛ لذلكَ أحببت نقل وصايَا الحبيب المصطفى صَلوات ربِّي عليه في كيفيةِ الثبات أثناء الفتن، من خلال أحاديثه الشَريفة والصَحيحة، وأقوال أهل العلم في ذلكَ عن عَبد الله بن عمرو بن العاص رضي الله تَعالى عنه عَن النبي ﷺ قال: »كيفَ بكم وبزمانٍ يُوشك أن يَأتي يغربل النَاس فيه غربلة، وتبقى حثالة من الناسِ قد مرجت عُهودهم وأمَاناتهم فاختلفوا وكَانوا هَكذا وشبك بينَ أصَابعه«، قالوا كيفَ بنَا يا رَسول الله إذا كانَ ذلكَ؟ قالَ: تَأخذون بمَا تعرفون وتَدعون مَا تنكرون وتَقبلون على خَاصتكم وتذرون أمر عَوامكم (صحيح ابن ماجه: ٣٢١١). المعانِي: الحثالة: الرَديء مِن كلِّ شيء، والمراد أرذلهم مرجت:

اختلفت وفَسدَت خَاصتكم: أي عليكَ بأمرِ نفسكَ وأهلكَ

فِي هَذا الحَديث الشَريف يُخبرنا رسول الله ﷺ عن كيفيةِ النَجاة مِن الفتنِ وحَدد ذلكَ بعدة طرق وهِي:

أولًا: أن يَأخذ الإنسَان بِما يعرف والمقصود: أن يَأخذ الإنسَان بِما يعرف أنه الحَق ولا يَدور فِي فلكِ الشُبهات، ولا يَصغي للبدع وأهل الأهواءِ ومَصدره في ذلكَ الكِتاب والسنة، فَقد قال رسول الله ﷺ في الحديث: «تركت فِيكم أمرين لن تَضلوا مَا إن تَمسكتم بِهما: كتاب الله وسُنتي»

ثانيًا: يَدع ما يُنكر: ففي الحَديث الصحيح قالَ النَّواس بن سمعان الكلابي: سألت رسول الله ﷺ عن البرِ والإثم؟ فقالَ: «البِّر حسن الخلق والإثم ما حاكَ في صدرِك، وكَرهت أن يطلَّع عَليه الناسُ» (المسند الصحيح)، وعن الحسن بن علي بن أبي طَالب رضي الله تعالى عنه قال: قالَ رسول الله ﷺ: «دَع ما يُريبك إلى مَا لا يريبك، فإن الصِّدق طمأنينة وإنَّ الكَذب ريبة» (سنن الترمذي، حسن صحيح).

ثالثًا: الإقبال على العُلماء: فَهم ورثة الأنبياء ومَنارات الهُدى فَعن مُعاوية بن أبي سُفيان رضِي الله تعالى عنه عن النبي ﷺ قال: «الخَير

عادة والشَّر لجاجة ومَن يُرد الله به خيرًا يُفقهه في الدِين» (حسنه الألباني في صحيح ابن ماجه).

رابعًا: ترك أمر العوام: فقد قالَ علي رضي الله عنه الناسُ ثلاث: فعَالم رباني ومُتعلم على سبيلِ النجاة، وهَمج رعاع أتباع كل ناعق يَميلون مَع كل ريح، لم يَستضيئوا بنورِ العِلم ولم يلجئوا إلى ركنٍ وثيق.

خامِسًا: التسلح بِالإيمانِ والتِقوى، وقِال تعالَى في كتابه العَزيز: ﴿يا أَيُّهَا الذِينَ آمَنوُا اتقُوا اللَّهَ وَآمنُوا برَسُوله يُؤْتكُمْ كفْلَيْن من رَّحْمَته وَيَجْعَل لَّكُمْ نُورًا تمَشْونَ به وَيَغْفرْ لَكُمْ وَاللَّهَ غَفُورٌ رَّحيمٌ﴾ [الحديد:٢٨].

سادسًا: التوكل على الله: فقد قال تعالى: ﴿وَمَنَّ يَتَوَكلْ عَلَى الله فَهُوَ حَسْبُهُ﴾ [الطلاق من الآية:٣].

سابعًا: اعتزال الفرق والأحزاب: عن حُذيفة بن اليمان رضي الله تعالى عنه قَال: كان الناس يَسألون رسول الله ﷺ عن الخَير، وكنت أسأله عن الشرِّ، مخافة أن يُدركني، فقلت: يا رَسول الله، إنا كُنا في جَاهلية وشر، فجَاءنا الله بِهذا الخير، فَهل بعد هذا الخير من شر؟ قال: «نعم»، قلتُ: وهل بعد ذلك الشر من خير؟ قالَ: «نعم، وفيه دخن»، قلت: وما دخنه؟ قال: «قوم يَهدون بغير هدي، تعرف مِنهم وتنكر».

قُلت: «فهل بعد ذلكَ الخير من شر؟ قالَ: نعم، دعاة على أبواب جَهنم، من أجابهم إليهَا قذفوه فيها»، قلت: «يا رَسول الله صفهم لنا، قال: هم مِن جلدتنا، ويتكلمون بألسنتنا»، قلت: فمَا تأمرني إن أدرَكني ذلكَ؟ قال: «تَلزم جَماعة المسلمين وإمامهم»، قلت: فإن لم يكن لَهم جماعة ولا إمام؟ قالَ:» فاعتزل تلكَ الفرق كلها، ولو أن تعض بأصل شجرة، حَتى يُدركك الموت وأنت على ذلكَ» (صحيح البخاري)

المعاني:

«الدخن»: قيلَ الغل، وقيل الحِقد والحَسد، وقيل فسادُ في القَلب، يشير إلى أنَّ الخير الذي يجيء بَعد الشرِّ لا يكون خيرًا خالصًا بل فيه كدر، قال البيضاوي: المعنى إذا لم يكن في الأرضِ خليفة فعليكَ بالعزلةِ والصبرِ على تحملِّ شِدة الزمان والعض بأصلِّ شجرة كناية عن مكابدة المشقة» هم من جَلدتنا«: أي من قَومنا ومن أهل لساننا وملتنا، وقالَ الإمام الطبري: وفِي الحديث أنه متى لم يكُن للناس إمام فافترق الناس أحزابًا فلا يتبع أحد في الفرقة ويَعتزل الجَميع؛ خشيةً مِن الوقوعِ في الشرِّ وعلى ذلكَ يَتنزل ما جاءَ في سَائر الأحاديث وبه يَجمع بينَ ما ظَاهرة الاختلاف مِنها.

ثامنًا: الاستغفارِ واللجوء إلى الله والاستعانة بالصلاة: قال تعالى: ﴿وذَا النونِ إِذ ذهَبَ مُغَاضِبًا فظَنَّ أن لَّن نَّقْدرَ عَلَيْه فنَادَى في الظلُمات أَن لا إلَهَ إلا أَنتَ سُبْحَانَكَ إني كُنتُ منَ الظالمينَ فَاسْتَجَبْنا لَهُ وَنجيْناهُ مِنَ الْغَم وَكَذَلكِ نُنجِي المؤْمنِينَ﴾ [الأنبياء:٧٨-٨٨].

عن أم سلمة هند بنت أبي أمية رضي الله تعالى عنها قالت: "استيقظ رسول الله ﷺ ليلة فزعًا، يقول: سبحان الله، ماذا أنزل الله من الخزائن، وماذا أنزل من الفتن، من يوقظ صَواحب الحجرات- يريد أزواجه الكرام لكي يصلين- رب كاسية في الدنيا عارية في الآخرة» (صحيح البخاري). وفي الحديث الندب والإرشاد إلى التضرع، والصلاة، والدعاء، واللجوء إلى الله تعالى وخاصة في الليل- ويستحب الثلث الأخير منه- رجاء موافقة وقت الإجابة لتكشف الفتنة أو يسلم الداعي ومن دعا له، والحديث دليل على أن الصلاة مخرج من الفتنة.

تاسعًا: التَّعوذ بالله من الفتن عن: عائشةِ رضي الله تَعالى عنها عن النبي ﷺ أنه قالَ: «اللهمَّ إني أعوذُ بكَ من الكسلِ والهرم، والمغرم والمأثم، اللهمَّ إني أعوذُ بكَ مِن عذاب النار، وفتنة النار، وفتنة القَبر، وعذاب القبر، وشرّ فتنة الغِنى، وشر فتنة الفَقر، ومن شر فتنة المسيح الدَّجال، اللهمَّ اغسل خطاياي بماءِ الثلج والبرد، ونقِّ قلبي من الخَطايا،

كمَا ينقى الثوب الأبيض من الدَّنس، وباعِد بينِي وبين خَطاياي كمَا باعَدت بينَ المِشرق والمِغرب» (البخاري:).

عاشرًا: تمني الموت خشية الفتنة. يَجوز تمني الموت خشية الفتنة ولا يَتعارض ذلكَ مع قول النبي ﷺ: «لا يتمنين أحدكم الموت لضر نزل به، فإن كانَ لابدَّ متمنيًا للموتِ فليقل: اللهمَّ أحيني مَا كانت الحياة خيرًا لي، وتوفني إذا كَانت الوَفاة خيرًا لِي» (صحيح البخاري). فلقد قالَ يُوسف عليه السلام: ﴿تَوَفنِي مُسْلمِا وَأَلحِقْنِي بِالصِالحِينَ﴾ [يوسف من الآية:١٠١].

وقالت السيدة مَريم عليها وابنها السلام: ﴿قَالَتْ يَا لَيْتَنِي متُّ قَبْلَ هَذَا وَكُنتُ نَسْيًاً منسيا﴾ [مريم:٢٣].

وعن مَحمود بن لبيد رضي الله تعالى عنه أن النبي ﷺ قال: «اثنتان يَكرههما ابن آدم: يكره الموت، والِموت خير له مِن الفتنةِ، ويكره قلة المال، وقلة المِال أقل للحساب»[صحيح الجامع].

الحادي عشر: الفرار من الفتن، يقول ﷺ: «يُوشِك أن يَكون خير مال المسلم غنم يتبع بها شعف الجبال ومَواقع القطر، يفرُّ بدينه من الفتنِ» [صحيح البخاري] المعاني: «شعف الجبال»: رؤوس الجبال.

«مواقع القطر»: بطون الأودية، والحديث يَدل على كثرةِ الفِتن التِي ستنزل بالعباد لدرجة أنَّ المسلم سيكون خير ما يفعله فرارًا بدينه أن يرعى الغنم بين الجبال والأودية، نسأل الله السلامة.

الثاني عشر: الحَذر من الشَائعات والروايات الوَاهية ونقل الأخبار المكذوبة، وهي ظاهرةٌ في زَمننا الحَالي فيلاحظ انتشار القصص والروايات الواهية الضعيفة وَقت الفتنة، فيكثر القُصّاص الذين يُوردون الحكايات والقصص التي لا أصل لها، ووسائل التكنولوجيا الحَديثة سَاعدت في انتشار مثلَ تلكَ القصص والشَائعات، فعن ابن عمر رضي الله عنهما قال: لم يُقصّ في زمان رسول الله ﷺ ولا أبي بكر ولا عُمر ولا عُثمان إنما كان القصص زمن الفتنة الثالث عشر: النهي عن المنكر. فعن أبي بكر رضي الله تعالى عنه قال: أيها الناس إنكم تقرؤون هذه الآية: ﴿يَا أَيُّ هَا الَّذينَ آمَنُواْ عَلَيْكُمْ أَنفُسَكُمْ لاَ يَضُرُكُم مَّن ضَل إذَا اهْتَدَيْتُمْ﴾ [المائدة:١٠٥]، وإنِّي سمعتُ رَسول الله ﷺ يقول: «إن الناس إذا رأوا الظالم فلم يأخذوا على يديه أوشكَ أن يعمهم الله منه بعقابٍ» (سنن الترمذي:٢١٦٨، صحيح).

الرابع عشر: النهي عن قتال المسلم أو تعريضه للهلاك. قال تعالى:

﴿وَأَنفِقُوا فِي سَبِيلِ اللَّهِ وَلَا تُلْقُوا بِأَيْدِيكُمْ إِلَى التَّهْلُكَةِ وَأَحْسِنُوا إِنَّ اللَّهَ يُحِبُّ الْمُحْسِنِينَ﴾ [البقرة:١٩٥].

﴿وَتَعَاوَنُوا عَلَى الْبِرِّ وَالتَّقْوَى وَلَا تَعَاوَنُوا عَلَى الْإِثْمِ وَالْعُدْوَانِ وَاتَّقُوا اللَّهَ إِنَّ اللَّهَ شَدِيدُ الْعِقَابِ﴾ [المائدة من الآية:٢].

يقول رسول الله ﷺ: «من ضِيق منزلًا، أو قطع طريقًا، أو آذى مؤمنًا، فلا جَهادَ له» (صحيح الجامع)، قالَ ابن القيم: «إذا عرف هذا فالجهاد أربع مراتب: جِهاد النفس، وجهاد الشيطان، وجهاد الكفار، وجهاد المنافقين»، عن عمر رضي الله تعالى عنه أنه قال: "إن مِن وَرطاتِ الأمُور التي لا مَخرج لمن أوقع نفسه فيها سَفك الدم الحرام بغير حله".

السَادس عشر: المخرج من فتنة الأمراء والأئمة.

فعن عبد الله بن مسعود عن النبي ﷺ أنه قال: «إنكم سترون بعدي أثرة وأمورًا تنكرونها» قالوا: فما تأمرنا يا رسول الله؟ قال: «أدوا إليهم حَقهم، وسلوا الله حقكم» (صَحيح البخاري).

وعن أم سلمة هند بنت أبي أمية رضي الله تعالى عنها أن النبي ﷺ قال: «إنَّهُ سيَكونُ عليكُم أئمَّةٌ تعرفونَ وتُنكرِونَ، فمَن أنكرَ فقد برِيء ومَن كرِهَ فقد سلمِ ولَكنِ مَن رضيَ وتابعَ»، فقيلَ: يا رسولَ الله أفلا

نقاتلُهُم؟ قالَ: «لا، ما صلوا» (صحيح الترمذي)، قَالَ الإمام النَووي رضي الله تعالى عنه: مَعنى ما سبق أنه لا يجُوز الخُروج على الخلفاء بِمجرد الظلم أو الفَسق ما لم يغيروا شيئًا من قواعد الإسلام وهناك صور من افعال الصحابة في الثبات على الفِتنة: للصحابة رَضي الله عنهم مَواقف عدة عندما نزلت بهم النوازل والفتن، فبعضهم رفض أن يقاتل المسلمون بعضهم البعض، وبعضهم عندمَا كان في الحكم وخرجوا عليه منع أنصاره أن يقاتلوهم من أجله حَتى لا تحدث الفرقة بين المسلمين ولا يراق دم مسلم فيُسأل عنه حين يقف بين يدي الله تعالى، وإليكم بعضًا من تلكَ المواقف التي ثبت فيها الصحابة رضوان الله عليهم أثناء الفتن:-

١- ثبات عبد الله بن عمر رضِي الله تعالى عنه: عندما زَادت الفِتنة بعد مَقتل عثمان رضي الله تَعالى عنه اعتزل عبد الله بن عمر الفِتنة ولم يُشارك فيها، وقال قولته الشهيرة: من قاَل حَي على الصلاة، أجبته ومن قال: حَي على قتل أخيك المسلم وأخذ ماله فلا.

٢- ثبات سعد بن أبي وَقاص رضِي الله تعالى عنه اعتزل سعد رضِي الله تعالى عنه الفتنة وقال: لا أُقاتل حتى تأتوني بسيفٍ له عينان ولسان فَيقول: هذا مؤمن وهَذا كافر والله يقول الحق وهو يهدي السبيل.

الفهرس